일상 영어회화 영작하고 말하기

📖 컴퓨터에서 MP3 파일 내려받는 방법

아래 홈페이지 또는 블로그에 접속 후 메뉴의 〈MP3 파일〉에 들어가서 해당 도서를 클릭하면 다운로드가 시작됩니다. 원드라이브나 드롭박스 계정이 없어도 되며, MP3 파일 다운은 무료입니다.

홈페이지 https://www.bilingualpub.com
블로그　https://blog.naver.com/nick0413

📖 스마트폰에서 MP3 파일 내려받는 방법

1 위 QR코드를 스마트폰의 카메라 앱이나 QR코드 리더 앱으로 스캔하고, 화면에 나오는 웹 주소를 터치하기. 스마트폰에 따라 스캔 후 웹 주소가 나오지 않고, 바로 아래 화면으로 이동할 수도 있습니다.

2 화면 중앙의 '다운로드' 버튼을 터치해서 파일을 내려받고 압축을 풀기. 압축이 자동으로 풀릴 수도 있습니다.

Writing and Speaking in English

일상 영어회화
영작하고
말하기

제나 강 지음

바이링구얼

상황과 문화에 맞는 '나만의 영어'를 찾아보세요! 한국 사람은 얼마나 다양한 한국어 스타일을 가지고 있을까요? 유머러스하고 재치 있는 표현으로 상대방을 매료시키는 사람도 있고, 솔직하고 진솔한 언어로 마음을 전하는 사람도 있죠. 저 역시 다양한 문화와 인종을 경험하며 나만의 언어를 찾아가고 있어요. 그것은 한국인의 영어도, 미국인의 영어도 아닌, 상황과 문화에 딱 맞는 '내 언어'예요. 단순히 말을 '번역'하는 것이 아니라, 상황에 맞게 표현하는 '언어'로 소통하는 습관을 만들어 보세요.

대화 중에 느껴지는 어색한 순간, 모두가 겪는 일입니다! 저도 자주 고민해요. 내가 하고 싶은 말이 한국인이나 영어 원어민들에게 어떻게 전달될지, 내 의도가 잘 전달될지 걱정되기도 하죠. 이는 단순히 말하기를 넘어, 상황에 맞는 언어 사용의 에티켓, 매너, 그리고 그 말이 나의 인성까지 반영한다는 것을 고려해야 하는 중요한 이유입니다.

42가지 일상 대화로 배우는 자연스러운 영어 표현! 한국인이 실제로 자주 겪고 접하는 다양한 상황을 42개의 대화문으로 만들었습니다. 한국인이 자주 하는 실수, 직역 등을 통해 '나만 그런 게 아니구나!' 하며 쉽게 공감할 수 있게 내용을 담았습니다. 여러분도 직접 영작하고, 실수를 통해 원어민의 표현과 비교하며 차이를 느끼면서, 점차 자연스럽게 영어를 사용할 수 있을 거예요. 의사소통을 넘어서 때론 캐주얼하게, 때론 공손하게 표현하는 것은 정말 중요합니다.

　30년간 다듬어 온 저만의 영어 노하우 공유! 한국에 사는 영어 원어민과 현지의 원어민이 쓰는 영어에는 조금 차이가 있어요. 30년 가까이 영어로 일상생활을 하면서 자연스럽게 제가 살고 있는 나라의 영어를 쓰고 있다는 것을 깨닫게 되었죠. 할머니 밑에서 자란 아이가 사투리나 할머니의 말투를 자연스럽게 사용하듯이, 전 회사 상사가 입버릇처럼 사용하던 "Bloody hell!(젠장!)"이란 영국 표현을 사용하고 있더라고요.

　오랜 아시아 생활을 마치고 미국에 돌아와 고등학교 때 저의 미국인 절친을 만나 회포를 푸는데, 친구의 입가에는 미소가 번집니다. "우리가 안 지 30년 가까이 됐는데, 네가 겪어 온 모든 일들이 네 말투, 표정, 사용하는 표현에 다 담겨 있는 것 같아. I'm glad you are back in the States."라고 말하더라고요. 여러분들도 이 책을 통해 나의 영어가 틀렸다는 생각보다는 더 영어다운 영어를 익힌다고 생각해 보세요.

　언제든지 책 속 한국어 대화문을 읽고, 영작하고, 저에게 첨삭 받아 보세요! 여러분의 '나만의 영어'를 찾는 여정을 응원합니다!

저자 *Jenna*

📖 이 책의 구성

한구어 대화문
한국인이 자주 쓰는 일상
대화문

영작하기
직역보다 원어민이 쓸 만한
문장으로 영작하기

학습자 영작 예시
실제 학습자가
영작한 문장

첨삭 설명
학습자가 영작한 문장에서
틀린 부분을 설명하고,
자연스러운 표현을 알려 줌

원어민은 이렇게 말해
원어민이 이 상황에서
쓰는 자연스러운 표현

섀도잉하기
섀도잉 훈련으로 발음도
향상시키고 문장을 통째로
외우기

영어로 말하기
유닛의 첫 페이지 한국어
대화문을 보고 영어로 말해 보기

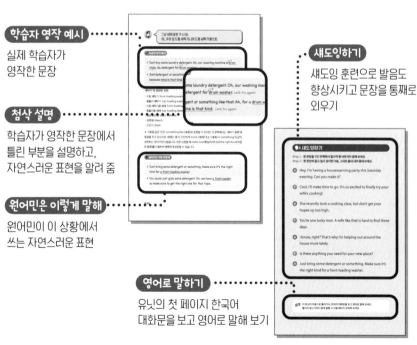

📖 이 책의 학습법

1 한국어 대화문 읽기
대화문을 읽고 내용 파악하기

2 영작하기
직역보다 원어민이 쓸 것 같은 문장으로 써 보고, 필요하면 사전 참고하기. 사전을 참고해도 어렵다면, 유튜브 첨삭 강의를 먼저 보고 도전하기!

3 첨삭 확인하기
첨삭을 보며 내가 영작한 문장의 어느 부분이 틀렸는지, 어떻게 해야 올바른 자연스러운 문장이 되는지 확인하기. 유튜브 강의 참고!

4 원어민 문장 확인하기
각 상황에서 원어민이 쓰는 자연스러운 표현들 확인하기

5 섀도잉하기
'음원의 한 문장씩 구간 반복해서 들으며 동시에 따라 말하기'와 '한 문장씩 듣고 일시 정지한 후 흉내 내어 말하기'를 번갈아 연습하기! (섀도잉 학습을 통해 영어 발음과 억양이 향상되며, 반복 학습으로 문장 전체가 자연스럽게 암기됨)

6 영어로 말하기
유닛의 첫 페이지로 돌아가서, 한국어 대화문을 보고 영어로 말해 보기. 틀리지 않을 때까지 반복해서 연습하기!

Contents

Chapter 1 사교, 친구

Chapter 2 일상생활

Chapter 3 연애

Chapter 4 직장, 학교

Chapter 5 쇼핑, 외식

Chapter 6 여행, 한국 소개

Chapter 1

사교, 친구

DAY 1 집들이 초대

다음 대화를 오른쪽 페이지에 영작해 보세요. 우리말을 그대로 영어로 직역하기보다는 원어민이 이 상황에서 쓸 만한 문장으로 만들어 보세요. 사전을 활용해도 괜찮아요.

 이번 주 토요일 저녁에 집들이하려고 하는데, 너 시간 어때?

 야, 없어도 만들어서 가야지.
드디어 네 와이프 음식 맛볼 수 있는 거야?

 얼마 전 요리 학원에 다니긴 했는데, 너무 큰 기대는 하지 마.

 이야, 너 복 받았다. 요즘 그런 와이프가 어딨어?

 그러게. 그래서 나도 집안일 많이 돕고 있어.

 집들이 선물로 뭐 필요해?

 그냥 세제 같은 거 사 와.
아, 우리 집 드럼 세탁기니까 드럼 세탁기용으로.

📝 영작하기

📖 원어민 첨삭 확인하기

 이번 주 토요일 저녁에 집들이하려고 하는데, 너 시간 어때?

✏️ 학습자 영작 예시

- I'm having a housewarming party this Saturday evening. Can you come? *Great job!*
- I'm gonna have ͤhousewarming party ~~on~~ this Saturday evening, [how about you?] *Nice try!*

★ '파티를 하다'는 '주최하다'라는 의미의 have, host, throw와 다양한 파티(housewarming, birthday party, surprise party, baby shower, bridal shower, etc.)를 목적어로 표현할 수 있습니다.

★ 여기서 '너 시간 어때?'는 상대방의 참여 의사를 묻는 상황이니 Can you come?, Can you make it?, Are you free?, Are you available? 등으로 표현할 수 있습니다. 하지만 How about you?는 자신의 계획을 알리고 상대방의 계획을 묻는 '너는 뭐 할 계획이야?'라는 의미로 이 문맥에는 적절하지 않습니다.

★ 전치사 on은 Christmas, Thanksgiving, birthday 등과 같이 '특별한 날'이나 '요일' 앞에 사용합니다. 하지만 this Saturday와 같이 '이번 [요일]' 앞에는 전치사를 생략합니다.

🎤 원어민은 이렇게 말해

- Hey, I'm having a housewarming party this Saturday evening. <u>Can you make it?</u>
- Hey, I'm throwing a housewarming party this Saturday evening. <u>Are you free?</u>

야, 없어도 만들어서 가야지.
드디어 네 와이프 음식 맛볼 수 있는 거야?

- I would go even if don't have time. I could finally ~~eat~~ ^{try} your wife's food. *Almost there!*

- Cool, I will go anyway, even if I am not free. Finally, [can I try your wife's cook?] *Let's try again!*

★ '시간을 내다'는 make time 또는 make it happen(어떤 일을 되게 만들다)으로 표현할 수 있습니다.

★ '먹다'를 뜻하는 단어로 eat은 '식사를 하다', have는 '먹고 마시다', try는 '맛을 보다'라는 의미로 조금씩 차이가 있습니다. 따라서 음식을 '맛보고 싶다'는 의미로는 try나 taste를 쓰는 게 자연스럽습니다. 하지만 can I try ~?(맛을 봐도 될까요?)는 상대방의 허락을 구하는 표현이므로 이 문장에는 어울리지 않습니다.

★ cook은 '요리하다', '요리사'라는 뜻으로, '와이프의 음식'은 wife's cooking이라고 하는 것이 맞습니다.

기대에 부풀었을 때 사용할 수 있는 표현
- I'm so excited to [동사] ~하게 되어 좋아
- I've been dying to [동사] 얼마나 ~하고 싶었는지 몰라
- I can't wait to [동사] 빨리 ~하고 싶어
- I'm looking forward to [동명사] ~가 너무 기대돼

🎙️ **원어민은 이렇게 말해**

- Cool, I'll make time to go. I'm so excited to finally <u>try</u> your wife's cooking!

- I'll make it happen, even if I have to make time. I can't wait to <u>taste</u> your wife's cooking!

얼마 전 요리 학원에 다니긴 했는데, 너무 큰 기대는 하지 마.

- She went to cooking school lately, but don't expect too much.
  a *class recently*
  took
- Recently, she's attended a cooking class. However, don't expect too much. *Almost there!*
  took

★ 지식이나 기술을 배우는 사설 학원은 보통 class로 표현합니다. 예를 들어, 요리 학원은 cooking class, 음악 학원은 music class, 미술 학원은 art class, 수영 학원은 swimming class입니다. 학원을 다녔다는 것은 '수업을 들었다'는 의미이니 단순히 장소에 가거나 참석한 것을 나타내는 go to나 attend로 표현하기보다는 take a class로 표현하는 것이 명확하고 자연스럽습니다.

★ lately와 recently 둘 다 '최근에'라는 의미입니다. 그러나 lately는 변화를 강조하는 '요즘'이라는 뉘앙스가 있어서 과거와 달리 최근 들어 자주 일어나는 일을 말할 때 쓰고, recently는 최근에 일어났던 하나의 일을 얘기할 때 사용합니다. 따라서 지금은 다니지 않지만 최근에 요리 학원에 다닌 것을 얘기할 때는 recently가 바람직합니다.

★ '너무 큰 기대는 하지 마'는 간단하게 don't expect too much라고 해도 되고, 좀 더 원어민처럼 don't get your hopes up (too high) 또는 don't set your expectations too high라고 해도 좋습니다

- She recently took a cooking class, but don't get your hopes up too high.
- She took some cooking classes recently, but don't set your expectations too high.

이야, 너 복 받았다. 요즘 그런 와이프가 어딨어?

- You're such a lucky guy! <u>There's</u> no wife like her these days.

  Almost there!

- Wow, you're a lucky guy. There're <u>no such</u> wives <u>as</u> yours these days.

  not many   like

★ '복 받은'은 blessed, lucky, fortunate로 표현할 수 있습니다.

★ 이 문장에서는 있고 없고 존재 여부를 말하는 There is(~이 있다)를 써서 말하면 어색합니다. '그런 와이프를 어디에서 찾았어?'란 의미에서 Where do you find ~?라고 하거나, '요즘 그런 와이프 없다'는 의미에서 A wife like that is ~ 와 같이 말할 수 있습니다.

★ as는 She works as a teacher.와 같이 역할이나 용도를 말할 때 '~로서'란 뜻으로 쓰거나, As you can see, I'm studying.과 같이 절과 함께 사용해서 '~처럼'이란 뜻으로 씁니다. 반면에 like 는 She looks like you.처럼 '~와 비슷한', '~처럼'이란 뜻으로 쓰기 때문에 이 문맥에서는 like yours로 표현하는 것이 자연스럽습니다.

- You're so blessed. <u>Where do you find</u> a wife like that these days?

- You're one lucky man. <u>A wife like that</u> is hard to find these days.

그러게. 그래서 나도 집안일 많이 돕고 있어.

• I know. That's why I help her doing housework a lot. *Almost there!*
  (with 위에 표기: doing 위 with)

• Right. That's why I'm taking as much as house chores. *Let's try again!*
  taking on   as possible

★ '돕다'라고 할 때 help는 일반적인 도움을 나타내고, help out은 '~을 돕기 위해 노력하다'라는 의미로, 좀 더 적극적이고 자발적인 도움을 나타냅니다. 이 맥락에서는 help out을 사용하여 '집안일을 돕기 위해 노력한다'는 의미를 강조할 수 있습니다. 또한 '(책임을) 맡다'라는 의미의 take on 을 사용하는 것도 좋습니다.

★ help는 목적어를 필요로 하는 '타동사'로, 'help [목적어] [동사]' 또는 'help [목적어] to [동사]'로 표현할 수 있습니다. 이 문맥에서는 동사를 생략할 수 있으며 help her with housework로 간단히 표현하는 것이 적절합니다.

★ '집안일을 돕다'란 표현으로는 help out around the house, help with (the) housework, help with (the) house chores 등이 자주 사용됩니다.

★ as much as house chores는 '집안일만큼'이라는 어색한 말이 되기 때문에 '가능한 한 많은 집안일'을 나타낼 때는 as much housework as possible, as much housework as I can과 같이 표현하는 게 좋습니다.

• I know, right? That's why I'm helping out around the house more lately.

• Seriously! That's why I'm trying to help with the housework a lot more.

집들이 선물로 뭐 필요해?

- [What do you need] for your new house? *Nice try!*
- [What do you need] for housewarming present? *Nice try!*

★ What으로 시작하는 의문문은 직접적이고 강압적인 느낌을 줄 수 있기 때문에 Do you have ~?(~가 있어?) 또는 Is there anything ~?(~이 필요해?)와 같이 표현하는 것이 부드럽고 자연스럽습니다. 'for [특정 장소/용도]'를 넣으면 구체적인 질문이 됩니다.

- <u>Do you have</u> any particular wishes for a (housewarming) gift?
- <u>Is there anything</u> you need for your (new) place/kitchen/living room?

그냥 세제 같은 거 사 와.
아, 우리 집 드럼 세탁기니까 드럼 세탁기용으로.

✏️ 학습자 영작 예시

- Just buy some laundry detergent. Oh, our washing machine is ^adrum style. So, detergent for ^adrunderline{drum washer}. *Let's try again!*

- Just detergent or something ~~like that~~. Ah, for a <u>drum washer</u>, because <u>mine is that kind</u>. *Let's try again!*

'세탁기'와 관련된 표현

- 드럼 세탁기: front-loading washer, front-loading washing machine, front-loader
- 통돌이 세탁기: top-loading washer, top-loading washing machine, top-loader
- 드럼 세탁기용 세제: front-loading detergent, detergent for front-loading washer
- 통돌이용 세제: top-loading detergent, detergent for top-loading washer
- 섬유 유연제: fabric softener
- 표백제: bleach
- 건조기: dryer

★ '[세제] 같은 것'은 'something like [세제]'로 표현할 수 있지만, 이 문맥에서는 '세탁기 종류'에 중점을 두고 있으므로 '세제'는 좀 더 간단하게 'some [세제]' 또는 '[세제] or something'과 같이 표현하는 것이 자연스럽습니다. 또한 요청할 때 make sure(확실히 하다)과 the right kind(적절한 종류)를 사용하여 명확하게 표현할 수 있습니다.

🎙️ 원어민은 이렇게 말해

- Just bring some detergent or something. Make sure it's the right kind for <u>a front-loading washer</u>.

- You could just grab some detergent. Oh, we have <u>a front-loader</u>, so make sure to get the right one for that type.

Step 1 | 한 문장씩 구간 반복해서 들으며 동시에 따라 말해 보세요.
Step 2 | 한 문장씩 듣고 일시 정지한 다음, 그대로 흉내 내어 말해 보세요.

M Hey, I'm having a housewarming party this Saturday evening. Can you make it?

F Cool, I'll make time to go. I'm so excited to finally try your wife's cooking!

M She recently took a cooking class, but don't get your hopes up too high.

F You're one lucky man. A wife like that is hard to find these days.

M I know, right? That's why I'm helping out around the house more lately.

F Is there anything you need for your new place?

M Just bring some detergent or something. Make sure it's the right kind for a front-loading washer.

💬 이 유닛의 처음으로 돌아가서, 한국어 대화문을 보고 영어로 말해 보세요.
틀리지 않고 자연스럽게 말할 수 있을 때까지 반복해 보세요.

차 태워 드릴까요?

다음 대화를 오른쪽 페이지에 영작해 보세요. 우리말을 그대로 영어로 직역하기보다는 원어민이 이 상황에서 쓸 만한 문장으로 만들어 보세요. 사전을 활용해도 괜찮아요.

 어느 쪽으로 가세요? 방향이 같으면 태워 드릴게요.

 아, 별로 안 멀어서 택시 타면 금방이에요.

 여자 혼자 밤에 택시 타면 위험하잖아요. 어디신데요?

 삼성동이요.

 저희 집 가는 방향이네요. 저도 같이 가면 심심하지 않고 좋아요.

 감사합니다. 그럼 삼성역 앞에서 내려 주세요.

📝 영작하기

어느 쪽으로 가세요? 방향이 같으면 태워 드릴게요.

✏️ 학습자 영작 예시

- [Where do you live?] I'll give you a ride if <u>we're same direction</u>.
  Let's try again!

- Which way are you heading ~~for~~? <u>If same direction</u>, I'll give you a
  ride. *Let's try again!*

★ '어느 쪽으로 가세요?'는 상대방이 살고 있는 곳이 아닌, 향하는 목적지를 묻는 표현입니다. '~로 향하여 가다'라는 의미로 be headed 또는 be heading을 쓸 수 있습니다.

★ '방향이 같으면'은 the same direction 또는 the same way로 표현할 수 있지만, we're same direction과 if same direction은 문법적으로 맞지 않습니다. 행동 동사를 포함하여 go the same way, head the same way, go (in) the same direction, head (in) the same direction과 같이 표현하거나, if it's the same direction처럼 완전한 문장으로 말하는 것이 명확합니다.

★ 차를 태워 주겠다고 할 때 I'll로 말할 수도 있지만, '기꺼이 ~하다'를 의미하는 I'd be happy to 또는 I can/could와 같이 표현하면 상대방에게 더 부드러운 인상을 줄 수 있습니다.

🎙️ 원어민은 이렇게 말해

- <u>Where are you headed?</u> If <u>we're going the same way</u>, I'd be happy to give you a ride.

- Which way are you <u>heading</u>? If we're <u>heading (in) the same direction</u>, I can give you a lift.

아, 별로 안 멀어서 택시 타면 금방이에요.

- Oh, it's not that far. I'm going to catch a cab. *Good job!*

- Ah, it <u>doesn't</u> take long. ~~It's soon~~ if I take a taxi. *Let's try again!*
  won't

★ '택시를 타다'는 택시를 잡는다고 할 때 쓰는 동사 grab, catch, take를 써서 표현할 수 있습니다. 또한 '차에 올라타다'라는 의미의 hop in을 사용하여 캐주얼하게 표현할 수도 있습니다.

★ '금방'은 soon, in a flash(눈 깜짝할 사이에), in no time(곧)과 같이 생동적으로 표현할 수 있습니다.

- No, it's not too far. I can just grab a cab and be there in a flash.

- Don't worry, it's not a far distance. I can just hop in a taxi and be there in no time.

여자 혼자 밤에 택시 타면 위험하잖아요. 어디신데요?

- It's dangerous if a girl gets in a taxi alone at night. <u>Where is it?</u>
  Almost there!

- As you know, it's dangerous for a lady alone to take a taxi at night.
  <u>Where?</u> *Almost there!*

★ '위험하다'란 말은 직접직으로 dangerous를 써도 뇌고, '안전하지 않다'란 의미에서 not safe
로 표현해도 좋습니다.

★ 택시를 타고 가는 것은 take a cab, ride a taxi 등으로 표현할 수 있습니다. '어디신데요?'는 앞
서 다룬 내용과 마찬가지로 Where are you headed/heading? 또는 Where are you going?
과 같이 말하면 됩니다.

- It's dangerous for a lady to take a cab alone at night. <u>Where are you going?</u>

- It's not safe for a woman to ride a taxi alone at night. <u>Where are you headed?</u>

저희 집 가는 방향이네요.
저도 같이 가면 심심하지 않고 좋아요.

- It's on the way to my house. I wouldn't be board if I have company.
  - *my place* (위 my house)
  - *bored* (위 board)

- It's same direction as my home! It also [makes me not bored] and
  - *in the* (위 good to)
  good to go with you. *Keep practicing!*

★ '저희 집 가는 방향'은 the way to my place 또는 the way I'm headed로 표현할 수 있습니다. 또한 '집'은 주거 형태로서 apartment(아파트), house(단독 주택), studio(원룸) 등이 있지만, 보통 '우리 집'은 간단하게 my place라고 합니다.

★ '심심하지 않고 좋아요'라는 의미의 영작 makes me not bored는 좀 더 자연스럽게 keeps me from getting bored로 표현할 수 있습니다. 하지만 이 표현은 친한 사이가 아닌 경우, 다소 직설적인 느낌을 줄 수 있어서 '~한다면 정말 좋을 거 같아요'라는 의미의 It'll be great to ~ 또는 It'd be nice to ~로 표현하는 것이 자연스럽습니다. 여기서 '같이 가면'이란 말은 '동행이 있다'란 뜻의 have company를 쓰면 됩니다.

- That's the way to my place. It'll be great to have some company (along the way).

- That's the way I'm headed, too. It'd be nice to have company. It'll be more fun.

감사합니다. 그럼 삼성역 앞에서 내려 주세요.

✏️ 학습자 영작 예시

- Thank you. ~~Let~~ *Drop* me off in front of Samsung station then. *Almost there!*

- Thank you. Then please drop me~~,~~ *off* in front of Samsung station.
  Almost there!

★ '차에서 내려 주다'는 drop off를 사용합니다. drop은 '떨어뜨리다', off는 '~에서 아래로'라는 뜻으로, drop off는 '~을 ~에서 아래로 내려 주다'를 의미합니다. 이 표현 뒤에 in front of(~ 앞에)나 at(~에)을 사용하여 장소를 명확하게 표현할 수 있습니다. Let me off.는 버스, 전철, 엘리베이터 등에서 바로 내리려고 할 때 쓰는 표현으로, 이 문맥에서는 적합하지 않습니다.

★ Would you be able to ~? 또는 Could you please ~?를 써서 말하면 좀 더 정중한 부탁이 됩니다.

🎙️ 원어민은 이렇게 말해

- Thanks a lot. Could you please <u>drop me off</u> at Samsung Station then?

- I appreciate it. Then, would you be able to <u>drop me off</u> in front of Samsung Station?

Step 1 | 한 문장씩 구간 반복해서 들으며 동시에 따라 말해 보세요.
Step 2 | 한 문장씩 듣고 일시 정지한 다음, 그대로 흉내 내어 말해 보세요.

ⓜ Where are you headed? If we're going the same way, I'd be happy to give you a ride.

ⓕ No, it's not too far. I can just grab a cab and be there in a flash.

ⓜ It's dangerous for a lady to take a cab alone at night. Where are you going?

ⓕ I'm going to Samsung-dong.

ⓜ That's the way to my place. It'll be great to have some company along the way.

ⓕ Thanks a lot. Could you please drop me off at Samsung Station then?

💬 이 유닛의 처음으로 돌아가서, 한국어 대화문을 보고 영어로 말해 보세요.
틀리지 않고 자연스럽게 말할 수 있을 때까지 반복해 보세요.

DAY 3 영화 보러 갈래?

다음 대화를 오른쪽 페이지에 영작해 보세요. 우리말을 그대로 영어로 직역하기보다는
원어민이 이 상황에서 쓸 만한 문장으로 만들어 보세요. 사전을 활용해도 괜찮아요.

 야, 너 'Mickey 17' 봤어?

 로버트 패틴슨(Robert Pattinson) 나오는 거지?
아직 못 봤는데, 예고편 재밌어 보이더라.

 나 원래 SF영화 좋아하는데, 봉준호(Bong Joon-ho) 감독 영화라
더 보고 싶어. 주말에 보러 갈래?

 좋지! 보고 싶던 영화라 기대된다!

 콜! 그럼 내가 오후 시간 표 예매할게.
난 주로 앞쪽에 앉아서 보는데, 넌 어때?

 나도 앞자리 좋아. 맨 앞자리 말고 앞에서 4~5번째 정도.

📝 영작하기

📖 원어민 첨삭 확인하기

 야, 너 'Mickey 17' 봤어?

🖊️ 학습자 영작 예시

- Hey, did you watch 'Mickey 17'? *Great job!*
- Hey, have you seen 'Mickey 17'? *Great job!*

★ '(영화를) 보다'는 see, watch, catch, check out 등으로 표현할 수 있습니다. 과거형으로 물을 수도 있지만, 경험을 묻는 질문이므로 현재완료(have+p.p.)를 사용하여 have you seen [영화 제목]? 또는 have you had a chance to see [영화 제목]?과 같이 표현하는 것이 더 자연스럽습니다. 또한, 문장의 끝에 yet과 함께 사용해 '아직' 못 봤어 라는 의미를 강조할 수 있습니다. '영화 제목'을 표현할 때는 작은따옴표, 큰따옴표 또는 각 첫 글자를 대문자로 표기할 수 있습니다.

🎤 원어민은 이렇게 말해

- Hey, have you seen 'Mickey 17' yet?

- Hey, have you had a chance to see 'Mickey 17' yet?

로버트 패틴슨(Robert Pattinson) 나오는 거지? 아직 못 봤는데, 예고편 재밌어 보이더라.

✏️ 학습자 영작 예시

- That's the movie Robert Pattinson stars in, right? I haven't seen it yet, but the trailer looked like fun. *Excellent!*
- Is it a Robert Pattinson movie? I've not seen it yet. ~~Its~~ *The* trailer seemed ~~to be~~ entertaining. *Nice try!*

배우의 영화를 언급할 때 사용할 수 있는 표현

- 배우가 나오는 영화: the one with [배우], the movie with [배우]
- 배우가 주연하는 영화: the one starring [배우], the one [배우] stars in, the movie starring [배우], the movie [배우] stars in
- 배우의 영화: the [배우] movie, [배우] movie

★ '재밌어 보이더라'는 looked (like) fun, seemed entertaining과 같이 표현할 수 있고, '흥분 시켰다'라는 의미의 got me excited, got me hyped, got me pumped 등으로 기대감을 더 강조할 수 있습니다.

🎤 원어민은 이렇게 말해

- Oh, (is that) the one with Robert Pattinson? I haven't seen it yet, but the trailer looked pretty cool.
- The Robert Pattinson movie? Haven't seen it yet, but the trailer got me pumped.

나 원래 SF영화 좋아하는데, 봉준호(Bong Joon-ho) 감독 영화라 더 보고 싶어.

- I really like sci-fi movies, and I want to see it so bad since the director is Bong Joon-ho. *Great job!*

  Sci-fi
- I am a <u>Sf</u> movie fan. It is directed by Bong Joon-ho, which makes me [want to see it more]. *Nice try!*
  even more excited to see it

★ 좋아하는 것을 말할 때는 I like, I love, I'm totally into, I'm a big fan of, I'm a huge fan of 등 다양한 표현이 있습니다. SF는 science fiction의 약어로, 영어권 국가에서는 sci-fi로 많이 표기합니다.

★ '~ 감독의 영화'는 [감독] movie/film 또는 movie/film by [감독]과 같이 말합니다. '보고 싶어'는 '설레고 기대되고 흥분된다'라는 의미의 I'm excited for, I'm hyped, I'm pumped for 등으로 표현할 수 있습니다. 여기서 '봉준호 감독 영화라 더'란 말은 '~을 알고 나니까'라는 의미의 knowing (that)을 써서 이유를 강조할 수 있습니다.

- I'm totally into <u>sci-fi</u> movies. I'm super excited for this because it's a Bong Joon-ho movie.

- I'm a huge fan of <u>sci-fi</u> movies. Knowing it's a film by Bong Joon-ho, I can't wait to check it out.

주말에 보러 갈래?

- Would you like to go see it together? *Almost there!*

- Shall we go see that movie on coming weekend? *Nice try!*
  this

★ coming weekend는 '다가오는 주말'이라는 의미로, 전치사를 따로 사용하지 않습니다. 하지만 coming weekend 자체로는 다가오는 주말을 특정하지 않습니다. 따라서 현재 시점에서 다가오는 주말을 의미하는 this coming weekend 또는 this weekend로 표현하는 것이 명확합니다.

- Do you want to go see it <u>this</u> weekend?

- Wanna join me <u>this</u> coming weekend?

좋지! 보고 싶던 영화라 기대된다!

• I'd love to! ~~I wanted to~~ *I've been wanting to* see that movie, so I ~~look~~ *am looking* forward to it.

• It sounds good. It has been ~~in~~ *That* my mind lately, and ~~so~~ I am looking forward ~~it~~ *on*. *Nice try!*

★ '기대된다'는 앞에 언급한 표현을 사용하거나, I've been wanting to, I've been itching to 와 같이 현재 완료 진행형으로 표현하면 강조의 의미를 더할 수 있습니다. 또한 '참여하다'란 의미 의 up for it, down for it, count me in을 사용하여 강한 관심과 참여 의사를 표현할 수 있습니다.

★ in my mind는 마음속이나 머릿속에 어떤 생각이 든다고 하거나, 무엇을 명심한다고 할 때 쓰고, on my mind는 무엇이 자꾸 생각나거나 신경이 쓰일 때 쓰는 표현입니다. 여기서 '보고 싶던 영화'란 의미로는 on my watchlist를 써서 말하는 게 자연스럽습니다.

• Awesome! <u>I've been wanting to</u> see that movie, so I'm definitely up for it.

• Sounds like a plan! It's been <u>on my watchlist</u>, so count me in!

콜! 그럼 내가 오후 시간 표 예매할게.
난 주로 앞쪽에 앉아서 보는데, 넌 어때?

- Okay! I'll buy tickets ~~in~~ *for* the afternoon then. I usually sit in the front. How about you? *Almost there!*

- Deal! Well, let me reserve tickets for ^the afternoon. I usually pick up *prefer* the front line. How about you? *Let's try again!*
  front row

★ '예매하다'란 단어로는 book과 reserve가 있습니다. 그런데 예매하는 상황이더라도 산다는 의미에서 buy나 get을 써서 말할 수도 있습니다. 온라인으로 표를 구입할 때는 buy online, get online, order online으로 표현합니다. 만약 다른 사람보다 먼저 예매하는 것이 중요하다면 snag '낚아채다'라는 재치 있는 표현을 사용해도 좋습니다.

★ in the afternoon은 '오후에'라는 의미로 '오후에 표를 예매한다'는 의미로 해석될 수 있으므로, for(~을 위해)를 사용하여 for the afternoon과 같이 명확하게 표현하는 것이 좋습니다.

★ front line은 '최전선', '최전방'이란 뜻이고, 영화관이나 공연장의 앞쪽 자리는 front row라고 합니다. '앞쪽에 앉다'는 sit in the front, '스크린 가까이에 앉다'는 sit closer to the screen, '뒤쪽에 앉다'는 sit in the back입니다.

- Great! I'll book tickets <u>for</u> the afternoon. I usually sit in the front. What about you?

- Awesome! I'll snag us afternoon tickets. I usually sit closer to the screen. How about you?

나도 앞자리 좋아. 맨 앞자리 말고 앞에서 4~5번째 정도.

- I like front seats too. ~~But~~ <u>not</u> the first <u>line</u>, but fourth or fifth <u>line</u>.
  Not · *row* · *the* · *row*
- The front <u>line</u> is good <u>to</u> me, too. Not the first <u>one</u>, but the fourth or fifth ~~or so~~.
  row · *for* · *row*

'영화관 좌석'을 나타내는 표현

- 앞자리: front seats(앞자리), the front row(맨 앞줄), the second, third, fourth,
  … row from the front (앞에서 2, 3, 4, … 번째)
- 뒷자리: back seats(뒷자리), the last row(마지막 줄), the second, third, fourth,
  … row from the back (뒤에서 2, 3, 4, … 번째)
- 좌석: aisle seats(통로 좌석), center seats(중앙 좌석), reserved seats(지정석)

🎤 원어민은 이렇게 말해

- I like the front seats, too. Not the very front, but maybe around the fourth or fifth <u>row</u>.

- I'm good with that. Maybe like the fourth or fifth <u>row</u> from the front — not right up in the front <u>row</u>.

Step 1 | 한 문장씩 구간 반복해서 들으며 동시에 따라 말해 보세요.
Step 2 | 한 문장씩 듣고 일시 정지한 다음, 그대로 흉내 내어 말해 보세요.

F   Hey, have you seen 'Mickey 17' yet?

M   Oh, the one with Robert Pattinson? I haven't seen it yet, but the trailer looked pretty cool.

F   I'm totally into sci-fi movies. I'm super excited for this because it's a Bong Joon-ho movie. Do you want to go see it this weekend?

M   Awesome! I've been wanting to see that movie, so I'm definitely up for it.

F   Great! I'll book tickets for the afternoon. I usually sit in the front. What about you?

M   I like the front seats, too. Not the very front, but maybe around the fourth or fifth row.

💬 이 유닛의 처음으로 돌아가서, 한국어 대화문을 보고 영어로 말해 보세요.
틀리지 않고 자연스럽게 말할 수 있을 때까지 반복해 보세요.

약속에 늦은 친구

다음 대화를 오른쪽 페이지에 영작해 보세요. 우리말을 그대로 영어로 직역하기보다는 원어민이 이 상황에서 쓸 만한 문장으로 만들어 보세요. 사전을 활용해도 괜찮아요.

 나 좀 빨리 도착했는데. 너 거의 다 와 가?

 가고 있는데, 차가 막혀서 좀 늦을 것 같아.

 하여튼 제시간에 오는 걸 못 본다니까.

(30분 후)

 늦어서 정말 미안해. 많이 기다렸지?

 어, 난 10분 일찍 도착했는데. 너 내 전화 받고 그때 출발했지?

 아냐, 내가 무슨 중국집인 줄 알아? 대신 저녁은 내가 살게.

📝 영작하기

📖 원어민 첨삭 확인하기

 나좀 빨리 도착했는데. 너 거의 다 와 가?

✏️ 학습자 영작 예시

- I arrived a little early. Are you almost here? *Excellent!*
- I've arrived a little <u>earlier</u>. Are you almost <u>near</u>? *Nice try!*
  early   here

★ '도착했나'는 arrived, came, got here 등과 같이 과거형으로 표현합니다. '거의 다 와 가?'를 영작한 Are you almost near?는 쓰지 않는 표현으로, 보통 Are you almost here?, Are you close?, Are you on your way?라고 말합니다.

★ earlier는 단독으로는 시간상으로 현재보다 '앞서', '아까'란 뜻으로 쓰고, earlier than expected (예상했던 것보다 일찍)처럼 earlier than ~은 '~보다 일찍'이란 뜻입니다. 따라서 무엇과 비교하는 게 아니라 '(약속이나 예정보다) 일찍'이라고 할 때는 early를 써서 말합니다.

🎙️ 원어민은 이렇게 말해

- I got here a little <u>early</u>. Are you on your way?
- I'm here a bit <u>early</u>. Are you almost <u>here</u>?

가고 있는데, 차가 막혀서 좀 늦을 것 같아.

- I'm on the way. ~~But~~ , but I might be a little late because of bad traffic.

  Almost there!

- I am on my way, but I am afraid of being somewhat late due to traffic
  jam. *Nice try!*

  I might be / a little

'약속 시간에 맞춰 이동할 때' 사용할 수 있는 표현

- '이동 중임'을 알리는 표현: I'm on my way, I'm on the way, I'm making my way there, I'm heading over
- '늦을 것임'을 알리는 표현: I might be late, I'm running (a little) late, I'm running (a little) behind, I'm going to be there late
- '늦는 이유'를 알리는 표현: [늦는 사실] because of [이유], [늦는 사실] due to [이유], so [늦는 사실]
- '차가 막히다'란 표현: Traffic is + congested, backed up, crazy, bad, slow, a nightmare

★ somewhat late는 '약간 늦는'이라는 의미지만, somewhat은 얼마나 늦는지 정확하게 예측할 수 없는 표현입니다. '조금'이란 의미를 명확하게 전달하려면 a little 또는 a bit과 같은 표현을 사용하는 것이 좋습니다.

- I'm on my way, but I'm running <u>a little</u> late because of traffic.
- I'm making my way there, but the traffic is a nightmare, so I <u>might be a bit</u> late.

하여튼 제시간에 오는 걸 못 본다니까.

- I've never seen you <u>coming</u> on time. *Almost there!*
  (come)
- Anyway, you are [an always-being late man]. *Let's try again!*
  (always late)

★ see는 감각을 나타내는 '지각동사'입니다. 지각동사는 '[주어] see [목적어] [동사 원형]'과 같은 문장 구조로 씁니다.

★ '제시간에 오다'는 come on time, be on time이라고 합니다. '항상 늦는 사람'이란 의미의 영작 always-being late man은 어색한 표현으로, 간단히 always late 또는 never on time과 같이 표현하는 것이 자연스럽습니다. 만약 상대방의 늦는 습관이 익숙하거나 예상될 때는 '늘 그런 식인'이란 의미의 classic으로 재밌게 표현할 수 있습니다.

🎙️ 원어민은 이렇게 말해

- I never see you <u>come</u> on time.

- Classic, you are <u>never on time</u>.

044

늦어서 정말 미안해. 많이 기다렸지?

- I'm so sorry I'm late. Have you been waiting long? *Good job!*

- I am really sorry to be late. You must have waited for a long time.
  Good job!

친구와의 약속에 늦었을 때 vs. 업무적인 상황에 늦었을 때

- 캐주얼하게: Did you (have to) wait long?(많이 기다렸지?), Did I make you wait long?(오래 기다리게 했지?)
- 정중하게: My apologies for the delay.(지연으로 인해 죄송합니다.), I'm truly sorry for the delay.(늦어서 진심으로 죄송합니다.), Did you have to wait for a long time?(오래 기다리셨나요?)

★ 약속, 수업, 회사 등에 늦게 왔을 때 가장 많이 쓰는 말은 Sorry I'm late.입니다. 늦은 것에 대한 미안한 마음을 더 강조해서 I'm sorry for being late.이라고 할 수도 있습니다.

- I'm so sorry I'm late. Did you wait long?

- My bad, I'm really sorry for being late. Did I make you wait long?

어, 난 10분 일찍 도착했는데. 너 내 전화 받고 그때 출발했지?

✏️ 학습자 영작 예시

- Yes, I arrived here ten minutes ~~earlier~~. *early* You must have just left the house when I called, right? *Almost there!*

- ~~True.~~ *Yes* I arrived ten minutes ~~earlier~~. *early* Didn't you leave home [on getting my call, did you]? *when you got my call?*

★ '몇 분 일찍 도착했다'는 '보다 일찍'이라는 의미의 비교급 형용사 earlier 대신 일찍 도착한 사실에 중점을 두는 early(일찍)를 사용하여 I arrived [분] minutes early, I got here [분] minutes early, [분] minutes early와 같이 표현합니다.

★ '전화를 받다'란 표현에는 pick up the phone, answer the phone, get a call, take a call, receive a call 등이 있습니다.

★ 자신의 추측이나 짐작을 말할 때는 '아마도, 추측컨대'라는 가벼운 느낌의 I guess나 '틀림없이 ~했겠다'라는 의미의 must have p.p.를 쓸 수 있습니다.

🎤 원어민은 이렇게 말해

- Yeah, I got here ten minutes <u>early</u>, but I guess you left <u>when you got my call</u>.

- Uh-huh, ten minutes <u>early</u>! You must have left <u>right after you received my call</u>.

아냐, 내가 무슨 중국집인 줄 알아?

- No, do you think I'm a Chinese restaurant? *Nice try!*

- No way, do you think I am a Chinese restaurant man? *Nice try!*

★ '내가 무슨 ~인 줄 알아?'는 Do you think ~ or something?으로 표현하거나, 무엇을 특정 짓지 않고 말하는 '일종의 그런 거'라는 의미의 some kind of 또는 some sort of을 사용하여 비유적으로 표현할 수 있습니다.

★ 이와 같은 말은 한국 문화권에서는 무해한 농담으로 여겨질 수 있지만, 다른 문화권에서는 인종이나 국적에 대한 고정 관념을 기반으로 한 발언으로 매우 민감한 주제입니다. 상황에 따라 무례하거나 인종 차별적으로 해석될 수 있으므로 주의해야 합니다.

🎙️ 원어민은 이렇게 말해

- No way, do you think I'm a Chinese restaurant or something?

- Oh, come on, do you think I'm some kind of Chinese restaurant?

대신 저녁은 내가 살게.

- I'll buy you a dinner <u>instead</u>. *Let's try again!*
  to make it up to you

- <u>In reward</u> I will buy you a dinner. *Let's try again!*
  To make up for it,

★ '대신'이라는 의미의 영작 in reward for는 '상으로서, ~에 보답하여'라는 의미이고, instead는 주로 어떤 선택에 대한 대안을 나타내는 표현이므로, 자기 잘못을 만회하기 위한 맥락에는 적절하지 않습니다. 따라서 '만회하다'라는 의미의 make up for it 또는 make it up to를 써서 말하는 게 좋습니다. '내가 낼게'라는 의미의 표현으로는 It's on me, I'll pay for it, I'll treat you, I'll get it, I will cover [식사] 등이 있습니다.

★ 매일 반복해서 먹는 일상적인 아침, 점심, 저녁 식사 앞에는 관사 'a'를 사용하지 않습니다. 하지만 '형용사'와 함께 특정한 식사를 나타낼 때는 a big dinner, a special dinner, a steak dinner 와 같이 표현합니다.

원어민은 이렇게 말해

- But <u>to make up for it</u>, dinner's on me.

- Anyway, I'll <u>make it up to you</u>. I'll cover dinner tonight.

Step 1 | 한 문장씩 구간 반복해서 들으며 동시에 따라 말해 보세요.
Step 2 | 한 문장씩 듣고 일시 정지한 다음, 그대로 흉내 내어 말해 보세요.

F I got here a little early. Are you on your way?

M I'm on my way, but I'm running a little late because of traffic.

F Classic, you are never on time.

(30 minutes later)

M I'm so sorry I'm late. Did you wait long?

F Yeah, I got here ten minutes early, but I guess you left when you got my call.

M No way, do you think I'm a Chinese restaurant or something? But to make up for it, dinner's on me.

💬 이 유닛의 처음으로 돌아가서, 한국어 대화문을 보고 영어로 말해 보세요.
틀리지 않고 자연스럽게 말할 수 있을 때까지 반복해 보세요.

DAY 5 잠수 타다

다음 대화를 오른쪽 페이지에 영작해 보세요. 우리말을 그대로 영어로 직역하기보다는 원어민이 이 상황에서 쓸 만한 문장으로 만들어 보세요. 사전을 활용해도 괜찮아요.

 야, 너 그동안 뭐 했어? 내 문자도 다 씹고, 왜 잠수 탄 거야?

 아, 미안. 지금 하는 일 마감이 얼마 안 남아서. 요즘 회사에서 거의 살다시피 하고, 친구들 연락도 다 끊고 지냈어.

 그렇구나. 무슨 일 있는 줄 알고 걱정했잖아.

 미안, 미리 말했어야 하는데.

 아냐. 일은 잘 되고 있어?

 거의 끝나 가. 끝나면 내가 연락할게.

📝 영작하기

📖 원어민 첨삭 확인하기

 야, 너 그동안 뭐 했어?

🖊 학습자 영작 예시

- Hey, what have you been doing lately? *Great job!*
- Hey, what have you been doing ~~meanwhile~~? *Almost there!*

★ '너 그동안 뭐 했어?'는 What have you been up to?, What have you been doing?, What's up? 등으로 표현할 수 있습니다. meanwhile은 두 사건 사이의 시간을 나타내는 '그동안 에'란 의미로, 구체적으로 두 사건이 언급되지 않은 이 맥락에서는 생략하는 것이 좋습니다.

🎙 원어민은 이렇게 말해

- Hey, what have you been up to?

- Hey, what's up?

내 문자도 다 씹고, 왜 잠수 탄 거야?

- Why did you ghost me without answering my <u>message</u>? *messages* *Almost there!*

- You didn't answer [all the messages from me]. Why did you ghost me?
  any of my messages

★ '문자를 보내다'는 text 또는 send a text라고 합니다. '문자를 씹다'는 ignore texts, not answer texts, not respond to texts, not reply to texts 등으로 표현할 수 있지만, 그 의미는 '잠수를 타다'에 내포되어 있으므로 생략할 수 있습니다.

'잠수를 타다'와 관련된 표현

- disappear into thin air 흔적 없이 사라지다
- ghost someone 연락을 갑자기 끊고 피하다
- give someone the silent treatment 완전히 무시하다
- go radio silent 연락을 두절하다

★ '문자를 다 씹다'는 과거부터 현재까지 이어지는 상황을 나타내는 '현재완료형'을 사용해 haven't replied to [문자]로 표현할 수 있습니다. '모든 문자'란 의미로는 all the messages보다 '어떤 문자에도 하나도 답이 없다'란 의미에서 any of my messages로 표현하는 게 좋습니다.

- I've been texting, but it seems like you've disappeared into thin air.
  I thought you were ghosting me.

- I've been sending you texts, but it feels like you're ignoring me.
  What's with the radio silence?

아, 미안. 지금 하는 일 마감이 얼마 안 남아서. 요즘 회사에서 거의 살다시피 하고, 친구들 연락도 다 끊고 지냈어.

✏️ 학습자 영작 예시

- Oh, I'm sorry. [The deadline of my work I'm doing is close.] So, I
  almost live at the company and I haven't contacted any of my friends.
  practically   *at work*
- Ah, sorry. [The deadline of my work is near now.] I am almost [living
  in my work place] and can not contact friends. *Let's try again!*
  workplace

★ '마감이 얼마 안 남아서'는 the deadline is approaching(마감일이 다가오고 있다), to meet the deadline(마감에 맞추기 위해), due [마감일](~ 마감일로 되어 있는) 등을 이용해서 말할 수 있습니다. 정신 못 차리게 바쁠 때는 '~로 압도되다'라는 의미의 be swamped with 또는 be overwhelmed with로 표현할 수 있습니다.

★ 여기서 company와 workplace는 '회사 건물'에 초점이 맞춰진 표현으로, 이 문맥에서는 '일하는 곳'을 의미하는 at work 또는 at the office를 쓰는 게 자연스럽습니다. almost는 '거의 다 되었다'처럼 '거의 (~와 가까운 상태)'를 의미하고, practically는 '사실상 거의 (~나 마찬가지)'란 의미여서, '사실상 거의 살다시피'란 뜻으로는 practically가 잘 어울립니다. 같은 맥락을 간단하게 표현할 수 있는 관용구로 burn the midnight oil(밤늦게까지 불을 밝히다)도 있습니다.

★ '연락하다'란 의미로 contact가 있지만, 원어민이 자주 쓰는 catch up with, connect with, get in touch with, reach out to 등을 써서 말하면 더 자연스럽습니다. 반대로 '연락을 끊다'는 haven't had a chance to [연락하다], haven't had the time to [연락하다], haven't been able to [연락하다] 등으로 표현할 수 있습니다.

🎙️ 원어민은 이렇게 말해

- Sorry, I've been swamped with a project due soon, burning the
  midnight oil every night. I haven't had a chance to catch up with
  anyone.
- I'm Sorry. To meet the deadline, I've been practically living at work
  lately and haven't had the time to reach out to anyone.

그렇구나. 무슨 일 있는 줄 알고 걱정했잖아.

- I see. I was worried that if something ⌐*might have* happened to you. *Nice try!*
- Now I see. I was worried if something bad ⌐*had* happened to you. *Nice try!*
  that

★ I was worried if [현재형/ 미래형]은 '~일까 봐 걱정했다'란 의미로, 미래에 일어날지도 모르는 일을 걱정했다고 할 때 사용합니다. 이번 문장처럼 지난 일에 대해 '무슨 일이 일어난 게 아닌가 걱정했다'는 I was worried that [과거형/과거 분사형] 형태로 말합니다. 또한, 계속 연락되지 않아 '슬슬 궁금하기 시작했다'라는 의미로 start to wonder와 같이 캐주얼하게 표현할 수도 있습니다.

★ '무슨 일이 일어났다'란 표현으로 something happened, something is wrong, something is going on 등이 있으며 might have p.p.(~일지도 모른다)로 추측을 나타낼 수 있습니다.

🎙️ 원어민은 이렇게 말해

- Oh, I understand. I was (a little) worried <u>that</u> something <u>might have</u> happened to you.

- Oh, I get it. I was starting to wonder what was going on.

미안, 미리 말했어야 하는데.

- I'm sorry, I should have told you earlier. *Excellent!*
- Sorry, I should have let you know what I <u>am</u> doing in advance. *Almost there!*

  was

★ '(너에게) 미리 말하다'는 tell you earlier, inform you sooner, let you know in advance, give a heads-up 등으로 표현할 수 있고, 과거에 하지 않은 일을 후회할 때는 '~했어야 했는데'란 의미로 should have p.p.를 사용합니다.

🎙️ 원어민은 이렇게 말해

- My bad, I should've given you a heads-up.
- Sorry, I should've let you know in advance what <u>was</u> going on.

아냐. 일은 잘 되고 있어?

- That's okay. Is <u>the work</u> going well? *Nice try!*
  everything
- That's OK. How is your work<u>, is it good</u>? *Nice try!*
  going?

★ '아냐, 괜찮아'란 표현으로 That's okay, That's alright, That's fine, Don't worry about it, No problem, No worries, Not a big deal, No biggie 등이 있습니다.

★ 일이 잘 되고 있는지 물어볼 때는 How's (your) work going?(일은 어떻게 되고 있어?)이라고 하거나, Is everything going well (at work)?(다 잘 돼 가고 있어?)라고 말할 수 있습니다. 일반적으로 '일'은 관사 없이 work로 표현되지만, 정관사 the와 함께 사용될 경우에는 특정한 작업, 프로젝트, 업무를 의미하거나 이미 언급한 주제에 관한 것을 나타냅니다.

- No biggie. Is <u>everything</u> going well at work?

- No worries. How's your work <u>going</u>?

거의 끝나 가. 끝나면 내가 연락할게.

- It's almost done. I'll call you when It's over. *Great job!*

- Almost done. I will reach out when it is finished. *Great job!*

★ '일이 끝나다'는 '다 끝난/마무리된'이란 의미의 done, finished, over 또는 '마무리 짓다'라는 의미의 wrap up을 사용해 말할 수 있습니다. 또한 '연락할게'는 기본적으로 call you라고 하기도 하지만, 이외에도 let you know, be In touch, reach out, hit you up 등으로 다양하게 표현할 수 있습니다.

🎙️ 원어민은 이렇게 말해

- (It's) Almost done. I'll let you know when I'm finished.

- I'm almost wrapping up. Once it's finished, I'll reach out.

Step 1 | 한 문장씩 구간 반복해서 들으며 동시에 따라 말해 보세요.
Step 2 | 한 문장씩 듣고 일시 정지한 다음, 그대로 흉내 내어 말해 보세요.

F Hey, what's up? I've been texting, but it's like you've disappeared into thin air. I thought you were ghosting me.

M Sorry, I've been swamped with a project due soon, burning the midnight oil every night. I haven't had a chance to catch up with anyone.

F Oh, I get it. I was starting to wonder what was going on.

M My bad, I should've given you a heads-up.

F No worries. How's your work going?

M It's almost done. I'll let you know when I'm finished.

💬 이 유닛의 처음으로 돌아가서, 한국어 대화문을 보고 영어로 말해 보세요.
틀리지 않고 자연스럽게 말할 수 있을 때까지 반복해 보세요.

한국을 방문하는 친구

다음 대화를 오른쪽 페이지에 영작해 보세요. 우리말을 그대로 영어로 직역하기보다는 원어민이 이 상황에서 쓸 만한 문장으로 만들어 보세요. 사전을 활용해도 괜찮아요.

 지민, 나 한국 가는 항공권 예약했어!

 정말? 우리 드디어 만나는구나! 언제 오는데?

 다음 달 1일 도착인데, 교환 학생으로 1년간 있을 거야.

 우와, 잘됐다! 내가 맛집에도 데려가고, 한국어도 많이 알려 줄게.

 얼마나 기다렸는지 모르겠어. 너무 기대돼!

 시간 되면, 내가 공항으로 마중 나갈게. 몇 시 도착이야?

 고마워. 오후 4시에 도착하는 아메리칸 항공이야.

📝 영작하기

📑 원어민 첨삭 확인하기

 지민, 나 한국 가는 항공권 예약했어!

- Jimin, I booked a flight to Korea! *Great job!*
- Jimin, I have reserved airline ticket for Korea! *Almost there!*

　　　　　　　　　　　　an

★ '항공권'은 flight ticket, airline ticket, plane ticket이라고 하며, '[목적지에] 가는 항공권을 예약하다'는 flight(항공편)을 사용하여 book a flight to [목적지] 또는 reserve a flight to [목적지]와 같이 표현합니다. 이미 예약을 한 경우에는 과거형이나 현재완료형으로 나타낼 수 있습니다.

- Jimin, guess what? I booked a flight to Korea!

- Jimin, big news! I've booked a flight to Korea!

정말? 우리 드디어 만나는구나! 언제 오는데?

- Really? We are finally meeting! [When do you come?] *Almost there!*

- Really? We ~~finally meet each other,~~ [When do you come?] *Nice try!*
  are finally meeting

★ '드디어 만나는구나!'는 반가움과 오랜 시간이 흘렀음을 나타내는 finally(마침내)와 after all this time(이 많은 시간이 흘러)을 써서 강조할 수 있습니다. meet each other는 '서로 만나다'라는 의미이지만, 동사 meet는 이미 '서로'라는 의미를 내포하고 있으므로, 간단히 meet, meet up, get together와 같이 표현합니다. 또한, 미래의 예정된 만남을 강조할 때는 현재 시제보다 We are finally meeting.과 같이 현재진행형으로 표현하는 것이 자연스럽습니다.

★ When do you come?은 주로 언제 일어나는 '규칙적인 도착 시간'을 물을 때 사용합니다. 예를 들어, When do you (usually) come home?은 '(보통) 집에 언제 오세요?'를 의미합니다. 반면에, 미래의 일정이나 계획된 '구체적인 도착 시간'을 물을 때는 When are you coming?과 같이 표현합니다.

🎤 원어민은 이렇게 말해

- No way! That's amazing! Finally, we're going to meet after all this time! When are you coming?

- Seriously? You're finally coming! When's your arrival?

다음 달 1일 도착인데, 교환 학생으로 1년간 있을 거야.

학습자 영작 예시

- [Arrival is the first day of next month.] I'm going to stay there for a year as an exchange student. *Let's try again!*
- [By arrival day, the first day next month.] I will stay for a year as an exchange student. *Let's try again!*

★ '다음 달 ~일'은 the first / second / third / fourth / fifth … of next month와 같이 표현하며, '특정한 날짜' 앞에 사용하는 전치사 on과 함께 사용합니다. 그리고 미래의 일정이나 계획된 상황을 나타내므로 현재진행형을 사용합니다.

★ '언제 오는데?'란 질문에 나의 도착 날짜를 말할 때는 '나'를 주어로 하여 I arrive, I land, I touch down과 같이 표현하는 것이 자연스럽습니다.

원어민은 이렇게 말해

- I'm arriving on the first of next month and staying for a whole year as an exchange student.
- I'm landing on the first of next month and spending a year as an exchange student.

우와, 잘됐다! 내가 맛집에도 데려가고, 한국어도 많이 알려 줄게.

- Wow, that's great! I'll take you ⌐to good restaurants and <u>teach</u> you Korean a lot. *Almost there!*

- Wow, <u>it's</u> good! I will ~~go to several~~ nice restaurants ~~with you~~ and
  sounds   *take you*
  <u>teach</u> you Korean ~~language.~~ *Let's try again!*

★ '데리고 가다, 안내하다'는 take 외에 '구경시켜 주다'는 의미의 show (around)도 흔히 사용합니다. 또한 캐주얼한 표현으로 '~을 방문하다'라는 의미의 hit up을 사용하기도 합니다.

'특별한 장소를 추천할 때' 사용하는 표현

- 맛집: good, amazing, best, famous, popular, hot, hip, trendy, must-eat
  + restaurant, place, spot
- 맛집: foodie(미식가) spot, hidden gem(잘 알려지지 않은 숨은 명소),
  local favorite(s) (현지인들이 선호하는 곳)
- 명소: local attractions(지역 명소), tourist attractions(관광 명소)

★ '알려주다'는 teach로 말하기도 하지만, help you pick up(익히는 걸 도와주다), give you lessons(수업을 제공하다), help you learn(배우는 데 도움을 주다), tutor you(개인 교습을 하다), a (personal) tutor(개인 지도 교사) 등으로 좀 더 캐주얼하게 표현할 수 있습니다.

- Wow, that's awesome! I'll take you to all my favorite foodie spots and <u>help you pick up</u> Korean along the way.

- Cool, that's amazing! I'll show you all the hidden gems, and I'll be your personal Korean <u>tutor</u>.

얼마나 기다렸는지 모르겠어. 너무 기대돼!

- I don't know how much I <u>was</u> waiting for this. I'm so excited!

  have been

  Almost there!

- I don't know how long I've been waiting for this. I am <u>badly</u> looking

  really

  forward to it. *Almost there!*

★ 기디렸디는 것은 이전부터 지금까지 연결되는 동작이기 때문에 '현재완료 진행형'으로 말합니다. Day 1과 Day 3에서 다룬 '기대에 부풀었을 때 쓸 수 있는 표현'과 다음의 추가적인 표현들을 살펴보세요.

- I can't wait. You have no idea how long I'<u>ve been</u> waiting for this. I'm super excited!

- I can't even tell you how excited I am. I've been waiting for this forever!

시간 되면, 내가 공항으로 마중 나갈게. 몇 시에 도착해?

- I'll <u>meet</u> you at the airport if I can. What time <u>do</u> *will* you arrive?
- If I am free, I will go to ⌐*the* airport <u>for meeting you</u>. [What is arriving *to pick you up* time?] *Let's try again!*

★ '시간이 되면'은 '시간적 여유가 있다'라는 의미로 if I'm free, if I'm available, if I'm not busy 등으로 표현할 수 있습니다. '일정이 허락한다면'이란 의미의 if my schedule allows나 if my schedule permits를 써서 말할 수도 있습니다.

★ '마중 나가다'라는 의미로 사용된 meet은 단순히 만나는 것만을 의미하므로, 데리러 가는 것을 나타내는 pick up을 사용하는 게 좋습니다.

★ 출퇴근 시간처럼 반복되는 루틴은 현재 시제로 물어보지만, 그게 아닌 미래의 일정을 물어볼 때는 What time are you arriving? 또는 What time will you arrive?와 같이 현재진행형이나 미래형으로 말합니다.

- I'd love to <u>pick you up</u> at the airport if I'm not too busy. <u>What time is your arrival?</u>
- If I'm free, I'll definitely go to the airport and <u>pick you up</u>. <u>What time are you arriving?</u>

고마워. 오후 4시에 도착하는 아메리칸 항공이야.

- Thank you. It's American <u>airline</u> arriving at 4 pm. *Almost there!*
  <u>Airlines</u>
- Thank you. American <u>airline</u> arriving <u>on</u> 4 ~~o'clock~~ pm. *Let's try again!*
  <u>Airlines</u> <u>at</u>

★ 앞서 도착 날짜를 말할 때와 마찬가지로 자신의 도착 시간을 말할 때 역시 '나'를 주어로 하여 I'll be arriving on [항공사] at [시간], I'll land on [항공사] at [시간], My arrival is at [시간] on [항공사] 등으로 말하는 게 자연스럽습니다.

★ '아메리칸 항공'의 정확한 이름은 American Airlines입니다.

- Thanks, that would be so sweet! I'll be arriving on <u>American Airlines</u> at 4 pm.

- Thanks so much! I'll land on <u>American Airlines</u> at 4 pm.

- I appreciate it. My arrival is at 4 pm on <u>American Airlines</u>.

Step 1 | 한 문장씩 구간 반복해서 들으며 동시에 따라 말해 보세요.
Step 2 | 한 문장씩 듣고 일시 정지한 다음, 그대로 흉내 내어 말해 보세요.

F Jimin, guess what? I booked a flight to Korea!

M No way! That's amazing! Finally, we're going to meet after all this time! When are you coming?

F I'm arriving on the first of next month and staying for a whole year as an exchange student.

M Wow, that's awesome! I'll take you to all my favorite foodie spots and help you pick up Korean along the way.

F I can't even tell you how excited I am. I've been waiting for this forever!

M I'd love to pick you up at the airport if I'm not too busy. What time is your arrival?

F Thanks, that would be so sweet! I'll be arriving on American Airlines at 4 pm.

💬 이 유닛의 처음으로 돌아가서, 한국어 대화문을 보고 영어로 말해 보세요.
틀리지 않고 자연스럽게 말할 수 있을 때까지 반복해 보세요.

회식과 다이어트

다음 대화를 오른쪽 페이지에 영작해 보세요. 우리말을 그대로 영어로 직역하기보다는
원어민이 이 상황에서 쓸 만한 문장으로 만들어 보세요. 사전을 활용해도 괜찮아요.

 요즘 운동하고 식단 조절해도 살이 안 빠져서 고민이야.

 나이 먹으면 찌기는 쉬운데 빼기는 어렵긴 하지.

 넌 뭐 특별히 운동이나 다이어트 하는 거 있어?

 난 유산소 운동이랑 고단백 저탄수화물식을 주로 해.

 난 회식 있으면 과식하는 날도 종종 있고,
분위기상 혼자 안 먹기도 힘들어.

 맞아. 술 마시면 늦게까지 다른 음식도 많이 먹게 돼서
바로 살이 되는 것 같아.

📝 영작하기

요즘 운동하고 식단 조절해도 살이 안 빠져서 고민이야.

✏️ 학습자 영작 예시

- I've been working out and going on a diet, but I still can't lose weight. *dieting*
- I am not losing my weight even if I work out and go on a diet recently, *even though* which gives me stress. *Let's try again!*

★ '운동하다'는 work out 또는 exercise라고 합니다. '운동하러 가다'는 hit the gym 또는 go to the gym으로 캐주얼하게 말할 수 있습니다.

★ go on a diet는 '다이어트를 시작하다'를 의미이고, 이미 다이어트를 하고 있다면 '다이어트 중이다'란 의미의 be on a diet, be dieting으로 표현합니다. '식단을 조절하다'는 watch what I eat으로 표현하는 것이 자연스럽습니다.

★ '살이 빠지다'는 lose weight, '살이 찌다'는 gain weight로 표현합니다. '살이 빠지지 않는다'는 not lose weight 또는 '같은 무게에 갇힌'이란 의미의 stuck at the same weight를 나타낼 수 있습니다.

★ even if는 아직 일어나지 않은 일이나 불확실한 일을 가정해서 '~할지라도'라고 표현할 때 씁니다. 하지만 '아무리 식단 조절을 해도 살이 안 빠진다'처럼 이미 일어난 일에 대해 '~해도', '~에도 불구하고'라고 할 때는 even though를 사용합니다.

★ 이 상황에서 '고민이야'는 계획대로 되지 않아 불만을 느끼고 스트레스를 받는 상태로 frustrating, stressful로 표현할 수 있습니다. '스트레스를 주다'는 stress me out이라고 합니다.

🎤 원어민은 이렇게 말해

- I've been working out and dieting, but I'm still stuck at the same weight. It's really frustrating.
- I'm not losing any weight, even though I've been hitting the gym and watching what I eat. This is really stressing me out.

나이 먹으면 찌기는 쉬운데 빼기는 어렵긴 하지.

- It's easy to gain weight but hard to lose weight as we ~~getting old~~. *get older*

  Almost there!

- As you ~~are getting~~ old, gaining weight is easy and losing is hard. *get older*

  Almost there!

★ getting old는 과거에 비해 나이가 들어서 늙거나 낡았다고 할 때 쓰고 '나이가 들면', '나이가 들수록'이란 말은 get older나 age로 표현하는 것이 자연스럽습니다.

'살이 찌다' & '살이 빠지다' 의미의 표현

- 살이 찌다: gain, add, pack on, put on + weight(= pounds), plump up
- 살이 빠지다: lose, shed, drop + weight(= pounds), slim down, trim down

★ '쉽다'는 easy to, effortless to, '어렵다'는 hard to, tough to, difficult to, challenging to, '더 어렵다'는 harder to, tougher to, more difficult to, more challenging to와 같이 표현할 수 있습니다.

★ 상대방의 의견에 공감할 때는 '분명히'라는 의미의 definitely 또는 '네 맘 알아'라는 의미의 I know how you feel, I understand how you feel 등을 사용해 대화를 좀 더 자연스럽게 이끌 수 있습니다.

- It's easy to gain weight, but it definitely gets harder to lose it as we get older.

- I know how you feel; losing weight becomes more challenging as we age, while gaining it seems effortless.

넌 뭐 특별히 운동이나 다이어트 하는 거 있어?

- Do you work out or <u>go on</u> a diet specifically? *Almost there!*
  follow
- What do you do particularly for workout or diet? *Almost there!*
  your

★ '특정한 운동이나 다이어트'는 specific workout, particular diet와 같이 표현할 수 있고, 특별한 운동 루틴(workout routine)이나 다이어트 계획(dietary plan)이 있는지는 동사 follow를 써서 물어볼 수 있습니다.

- Do you <u>follow</u> any particular workout routine or dietary plan?

- What's your specific workout or diet routine?

난 유산소 운동이랑 고단백 저탄수화물식을 주로 해.

- I do cardio exercise and eat high protein, and low-carbohydrate food.
  Let's try again!   s   follow a high-protein   low-carb diet

- I mostly do aerobic exercise and go on a high-protein, and low-
                                        follow
  carbohydrate diet. Nice try!
  low-carb

★ '유산소 운동'은 cardio (exercise), aerobic exercise, '고단백'은 high protein, '저탄수화물'은 low carbohydrate라고 하지만, 보통 일상에서는 간단히 low carb라고 합니다. diet와 같은 명사를 수식하는 형용사로 사용될 때는 high-protein(고단백의), low-carb(저탄수화물의)로 표현합니다.

★ '주로'는 mainly, mostly, primarily 등으로 표현하거나, 어떤 일을 자주 하거나 선호할 때 '가장 많이 찾고/하고/좋아하는'이란 의미의 go-to를 사용할 수도 있습니다.

- I mainly do cardio and a high-protein, low-carb diet.

- Cardio and a high-protein, low-carb diet are my go-to routine.

난 회식 있으면 과식하는 날도 종종 있고,
분위기상 혼자 안 먹기도 힘들어.

- I often eat a lot <u>when there's</u> company dinners. <u>And</u> it's hard to avoid
  during   *, and*
  <u>company dinner</u>. *Let's try again!*
  them

- I often overeat <u>on the event of</u> company dinners, and it's hard not to
  eat alone. *Let's try again!*
  at

★ '회식'은 company/team/corporate/work + dinner로 표현할 수 있습니다. '과식하다'는 eat a lot이라고 말해도 되지만, 더 명확한 표현으로 overeat(너무 많이 먹다) 또는 overindulge(지나치게 많이 먹다)도 있습니다. 이 표현들은 '~하는 경향이 있다'를 뜻하는 tend to와 함께 사용하여 '회식에서 과식하는 경향이 있다'라고 표현할 수 있습니다.

'~하기 힘들다' vs. '~ 안 하기 힘들다'

- [동사] 하기 힘들다: it's hard to + [동사]
  resist(저항하다), say no(거절하다), avoid(피하다)
- [동사] 안 하기 힘들다: it's hard not to + [동사]
  eat alone(혼자 먹다), join in on the fun(즐기는 것에 참여하다)

🎙️ 원어민은 이렇게 말해

- I often overindulge <u>during</u> company dinners. It's hard to say no when everyone else is eating.

- I tend to overeat <u>at</u> work dinners, especially when everyone else is indulging. It's hard not to join in on the fun.

맞아. 술 마시면 늦게까지 다른 음식도 많이 먹게 돼서
바로 살이 되는 것 같아.

✏️ 학습자 영작 예시

- Right. We <u>get to eat</u> a lot late when we drink, and [we gain weight
  end up eating   *at night*
  easily because of that.] *Let's try again!*
- Right. If I drink alcohol, I <u>would</u> eat <u>other foods</u> late at night, [which
  tend to   *more*
  makes me gain weight]. *Let's try again!*

'네 말이 맞아' 상대방의 의견에 동의하는 표현

Exactly, That' right, I couldn't agree more, I know what you mean,
I see what you mean, I hear you.

★ get to는 '~하게 되다'라는 의미로, 기회를 나타내는 표현입니다. 하지만 이 문맥에서는 술을 마실 때 많이 먹을 수 있는 '기회'를 강조하는 것이 아닌, 많이 먹게 되는 부정적인 '결과'를 의미합니다. 따라서 end up -ing(결국 ~하게 되다)로 표현하는 것이 자연스럽습니다. 또한 '[원인]'이 [결과]를 만들다'라는 문장 구조인 [Drinking] makes you [eat more]와 같이 표현할 수 있습니다.

★ '~하게 되다'는 would가 아니라, tend to로 표현하는 것이 자연스럽습니다.

★ eat other foods는 단순히 '다른 음식을 먹는다'란 의미로, 여기서는 '더 먹다'라는 의미의 eat more, snack more, '야식이 당기다'라는 의미의 crave late-night snack 등을 사용할 수 있습니다.

★ '많이 먹게 돼서 바로 살이 된다'는 '많이 먹는 행동은 체중 증가로 이어질 수 있다'는 의미로, lead to weight gain 또는 easy to gain weight와 같이 살이 찌는 결과를 강조할 수 있습니다.

🎙️ 원어민은 이렇게 말해

- I know what you mean. Drinking makes you eat more, so it's easy to
  gain weight.
- I hear you. If you drink (alcohol), you <u>tend to</u> crave late-night snacks,
  <u>which can lead to weight gain</u>.

Step 1 | 한 문장씩 구간 반복해서 들으며 동시에 따라 말해 보세요.
Step 2 | 한 문장씩 듣고 일시 정지한 다음, 그대로 흉내 내어 말해 보세요.

M I've been working out and dieting, but I'm still stuck at the same weight. It's really frustrating.

F It's easy to gain weight, but it definitely gets harder to lose it as we get older.

M Do you follow any particular workout routine or dietary plan?

F I mainly do cardio and a high-protein, low-carb diet.

M I often overindulge during company dinners. It's hard to say no when everyone else is eating.

F I know what you mean. Drinking makes you eat more, so it's easy to gain weight.

💬 이 유닛의 처음으로 돌아가서, 한국어 대화문을 보고 영어로 말해 보세요.
틀리지 않고 자연스럽게 말할 수 있을 때까지 반복해 보세요.

Chapter 2

일상생활

다음 대화를 오른쪽 페이지에 영작해 보세요. 우리말을 그대로 영어로 직역하기보다는 원어민이 이 상황에서 쓸 만한 문장으로 만들어 보세요. 사전을 활용해도 괜찮아요.

 야, 너 못 보던 옷이다?

 어때? 나 오늘 좀 달라 보여?

 그러고 보니 구두부터 코트까지 모두 새것 같은데?

 맨날 등산복이랑 추리닝 같은 것만 입는다고
여자 친구가 뭐라고 해서 말이야.

 사람이 완전 달라 보여. 앞으로 계속 이렇게 입고 다녀라.

 그래? 내가 옷발이 좀 잘 받긴 하지. 근데 맨날 편하게 입다가
이렇게 차려 입으니까 어색하고 불편하네.

📝 영작하기

📖 원어민 첨삭 확인하기

 야, 너 못 보던 옷이다?

✏️ 학습자 영작 예시

- Hey, that's new <u>clothes</u> I've never seen. *Nice try!*
  - ⌐*a* *outfit*
- Yo, you dress up a [never-seen clothes]? *Let's try again!*
  - ∧*in*

★ clothes는 dress, shirt, pants 등의 의류를 모두 포함하는 단어로, I need to buy some new clothes.(새 옷을 사야 해.)와 같이 표현합니다. 이 문맥에서는 '옷차림'을 의미하기 때문에, 전체적인 스타일이나 세트로 조합된 의류를 나타내는 outfit으로 표현하는 것이 적절합니다.

★ '못 보던 옷'을 영작한 never-seen clothes는 never-before-seen clothes로 표현하는 것이 명확합니다. 하지만 이 표현은 '전례 없는 옷'이란 의미로, 새로운 디자인이나 스타일의 옷을 강조할 때 쓰는 표현입니다. 따라서 일반적인 '못 보던 옷'을 표현하기에는 지나치게 과장된 표현 이므로, '새로운 스타일의 옷차림'을 의미하는 new outfit이라고 하는 것이 적절합니다. 그리고 clothes는 복수 명사이기 때문에 관사 a를 쓰지 않습니다.

🎙️ 원어민은 이렇게 말해

- Hey, I've never seen you in that <u>outfit</u> before.
- Hey, is that a <u>new outfit</u>?

어때? 나 오늘 좀 달라 보여?

- How do you like this? Do I look <u>better</u> today? *Almost there!*

- [How about me?] Do I look like a <u>someone else</u>? *Let's try again!*

★ 새로운 것을 시도한 후, '어때?'라고 상대방의 의견을 물을 때는 How do you like [명사]? 또는 What do you think of [명사]?라고 합니다. 하지만 How about me?는 나를 고려해 달라고 말할 때, 즉 '나는 어때?', '나도 참여할 수 있을까?'라는 의미로 쓰는 표현이기 때문에 이 문맥에는 어울리지 않습니다. '어때?'라는 말에서 생략된 '나의 모습'은 this, my new look, my new style로 표현할 수 있습니다.

★ look like someone else는 '다른 누군가처럼 보인다'라는 의미로, someone else 대신에 a new person, a different person이라고 하거나, look different와 같이 표현하는 것이 자연스럽습니다. 그리고 someone은 단어 자체가 한 명의 사람을 나타내는 단일 명사이기 때문에 앞에 a가 쓰이지 않습니다.

🎙️ 원어민은 이렇게 말해

- How do you like my new style? Do I look <u>different</u> today?

- What do you think of my new look? Do I look like <u>a new person</u>?

그러고 보니 구두부터 코트까지 모두 새것 같은데?

✏️ 학습자 영작 예시

- Oh, everything looks like brand new, from ˘shoes to ˘coat. *Nice try!*
  (*the*, *the*)
- <u>As I see you again</u>, <u>all your clothes</u> <u>are</u> brand new from the shoes to
  Now that   *everything*   *looks*
  the coat.

★ as는 as you can see(네가 보는 것처럼), as you know(너도 알다시피)와 같이 '~처럼'이란 뜻으로 쓰지만, as I see you again은 잘못된 영작입니다. as 대신 '이제 막'이라는 의미의 now that을 사용하여 '다시 너를 보니'란 의미로 쓰는 게 자연스럽습니다.

★ '~부터 ~까지'는 from A to B라고 하는데, '머리부터 발끝까지'를 의미하는 from head to toe를 응용하여 표현할 수도 있습니다.

★ '완전 새것'은 brand new나 fresh off the rack(선반에서 막 꺼내 온)으로 표현할 수 있습니다. '모두'를 표현한 all your clothes는 everything으로 표현하는 것이 자연스럽습니다. '~인 것 같다'는 look like [명사] 또는 look [형용사]로 표현합니다. 따라서 형용사인 brand new 앞에는 like를 쓰지 않습니다.

🎙️ 원어민은 이렇게 말해

- <u>Now that</u> I see you again, everything from your shoes to your coat <u>looks</u> fresh off the rack.

- Yeah, from head to toe, <u>everything</u> <u>looks</u> brand new.

맨날 등산복이랑 추리닝 같은 것만 입는다고
여자 친구가 뭐라고 해서 말이야.

- Because my girlfriend nagged ~~at me~~ that I always wear outdoor
  jacket and sweatpants. *Nice try!*   ^{hiking clothes}

- My girlfriend complains ~~to me~~ that I wear mountain clothes and
  training outfits everyday.   ^{hiking clothes}
  _{sweats}   _{every day}

★ '뭐라고 하다'는 nag(잔소리를 하다), complain(불평하다)으로 표현할 수 있습니다. 이 문맥에서는 '내가 등산복과 추리닝을 입은 것'에 대해 잔소리하는 것이기 때문에, 중복적인 의미 '나에게'를 나타내는 at me와 to me는 생략하는 것이 자연스럽습니다. 잔소리나 불평보다는 덜 부정적인 뉘앙스의 '~을 좋아하지 않는'이란 의미의 not a fan of로 표현할 수도 있습니다.

★ '등산복'은 hiking clothes, '추리닝'은 '편하게 입는 옷/바지'를 의미하는 sweatpants/sweats라고 합니다. '매일'이란 의미로 사용한 everyday는 '일상적인, 매일의'라는 의미의 형용사로 everyday clothes, everyday routine, everyday problems와 같이 사용됩니다. 이 문맥에는 '매일'을 의미하는 부사 every day로 표현하는 것이 맞습니다.

★ 여자 친구의 부정적인 반응을 고려해 '(평소보다) 옷을 차려입다'를 뜻하는 dress up이나 '바꾸다'라는 의미의 switch up을 사용하면, 평소보다 옷을 차려입었다는 것을 표현할 수 있습니다.

- My girlfriend has been nagging about me always wearing hiking
  clothes or sweats, so I thought I'd switch things up for a change.

- I'm trying to dress up a bit more since my girlfriend isn't a fan of my
  usual hiking clothes and sweatpants.

> 사람이 완전 달라 보여.

• You look totally different ~~with~~ *in* those clothes. *Let's try again!*
  that outfit
• You look~~,~~ ~~different~~ ~~totally.~~ *Nice try!*
  totally

★ '완전히 달라 보인다'는 look (totally, completely) different와 같이 표현할 수 있습니다. 하지만 달라진 상대방의 모습에 감탄하는 의미로는 look great, look amazing과 같이 말하는 것이 자연스럽습니다.

🎙️ 원어민은 이렇게 말해

• You are looking great (in that outfit)!

• Wow, you look completely different!

086

앞으로 계속 이렇게 입고 다녀라.

- You should ~~wear~~ *dress* like this from now on. *Almost there!*
- [Keep this way from now on.] *Nice try!*
  Keep this style up

★ '이렇게 입고 다녀'라는 의미로 영작한 keep this way from now on은 다소 장황한 표현입니다. 간단히 keep this style up(이 스타일을 유지해) 또는 keep up this style로 나타낼 수 있습니다. 단어 wear도 '입다'라는 의미이지만, 이 대화에서는 차려입는 것을 강조할 수 있는 dress로 표현하는 것이 더 자연스럽습니다.

- You should <u>dress</u> like this more often.
- You should definitely <u>keep this style up</u>.

그래? 내가 옷발이 좀 잘 받긴 하지. 근데 맨날 편하게 입다가 이렇게 차려 입으니까 어색하고 불편하네.

- Really? I look good ~~whatever~~ I wear. But dressing up like this is
  in
  awkward and uncomfortable since I <u>always wear</u> comfy clothes. *Nice try!*
  am used to wearing
- Do you think so? [I am a good model.] But I am used to wearing
  comfortable clothes, ~~and so~~ these are awkward and <u>inconvenient</u>.
  Let's try again!
  uncomfortable

★ '옷발이 잘 받는다'를 영작한 I am a good model은 자신이 모델처럼 포즈를 취하거나 연기를 잘하는 것으로 해석되는 표현입니다. 따라서 '옷이 잘 어울린다'를 나타내려면 I look good in [옷 종류] 또는 [옷 종류] looks good on me와 같이 표현할 수 있습니다. 또한, 상대방의 칭찬에 겸손하면서 유쾌하게 I guess I don't look too bad(나쁘지 않네)와 같이 표현할 수 있습니다.

★ dress up(옷을 차려 입다)과 반대되는 의미인 '편하게 입다'는 wear sweats, live in sweats로 표현할 수 있습니다. 그리고 '편안한 옷으로 느긋하게 쉬다'라는 의미로 lounge around in comfy clothes 또는 chill in comfy clothes와 같이 표현할 수도 있습니다.

★ '맨날 ~를 입는 게 익숙하다'라는 의미로 영작한 always wear ~ 대신 be used to wearing ~으로 표현하면 그 의미가 더 명확해집니다.

★ '어색한'은 strange, weird, awkward, '(물리적으로) 불편한'은 uncomfortable, uncomfy로 표현합니다. 하지만 inconvenient는 시간, 장소, 상황 등이 무언가를 하기에 불편하거나 곤란하다고 할 때 쓰는 단어이므로 이 맥락에는 맞지 않습니다.

- <u>I guess this looks pretty good on me</u>, but it's definitely a strange feeling being dressed up after wearing sweats all the time.

- You think so? Feels weird all dressed up like this since I'm so <u>used to</u> lounging around in comfy clothes, but I <u>guess I don't look too bad</u>.

Step 1 | 한 문장씩 구간 반복해서 들으며 동시에 따라 말해 보세요.
Step 2 | 한 문장씩 듣고 일시 정지한 다음, 그대로 흉내 내어 말해 보세요.

F Hey, is that a new outfit?

M How do you like my new style? Do I look different today?

F Yeah, from head to toe, everything looks brand new.

M My girlfriend has been nagging about me always wearing hiking clothes or sweats, so I thought I'd switch things up for a change.

F You are looking great in that outfit! You should dress like this more often.

M You think so? Feels weird all dressed up like this since I'm so used to lounging around in comfy clothes, but I guess I don't look too bad.

💬 이 유닛의 처음으로 돌아가서, 한국어 대화문을 보고 영어로 말해 보세요.
틀리지 않고 자연스럽게 말할 수 있을 때까지 반복해 보세요.

다음 대화를 오른쪽 페이지에 영작해 보세요. 우리말을 그대로 영어로 직역하기보다는 원어민이 이 상황에서 쓸 만한 문장으로 만들어 보세요. 사전을 활용해도 괜찮아요.

야, 너 새치 있어? 너도 이제 슬슬 흰머리가 한두 개씩 보인다.

아, 진짜? 난 내가 나름 동안이라고 자부했는데. 웬일이야!

차라리 새치가 나아. 난 요즘 탈모가 심해서 티 안 나게 파마하잖아.

흑, 우리도 이제 슬슬 흰머리에 탈모 걱정할 나이가 되다니.
아, 요즘 그 인도 탈모약 효과 좋다던데, 안 먹어 봤어?

아, 나도 얘기는 들었는데, 그거 부작용으로 정력이
약해진다고 해서 고민 중이야.

이런, 엄청난 부작용이네! 탈모 심한 사람들 가발도 많이 쓰더라.

뭐, 아직 가발 쓸 정도는 아니지만, 가발은 티가 많이 나더라고.

✏️ 영작하기

야, 너 새치 있어? 너도 이제 슬슬 흰머리가 한두 개씩 보인다.

✏️ 학습자 영작 예시

- Hey, is that a <u>white</u> hair? You're <u>having white</u> hairs now. *Let's try again!*

  (gray) *(getting gray)*

- Yo, you have gray hairs, ~~don't you?~~ One or two gray hairs <u>are seen</u> in your head <u>before we knew it</u>. *Let's try again!*

★ '새치, 흰머리'는 회색 빛을 띄어서 보통 gray hair라고 합니다. white hair는 백발 노인의 흰머리나 흰색으로 탈색한 머리를 나타냅니다.

★ '(새치)가 나다'는 have gray hairs 나 be getting gray hairs로 표현합니다. 하지만 흰머리는 한번 생기면 다시 사라지지 않기 때문에, 지금 일어나고 있는 일시적인 상황을 나타내는 be having과 같은 현재진행형은 적절하지 않습니다.

★ '슬슬 보이기 시작하다'는 한국어에서 are seen과 같은 수동태로 표현되지만, 영어에서는 일반적으로 능동태를 사용합니다. 따라서 '흰머리'를 보는 주체인 '나(I)'를 주어로 start to와 see(보다), spot(발견하다), notice(의식하다) 등의 동사를 사용하여 표현하는 것이 자연스럽습니다. 또한 show/appear(나타나다), pop up(불쑥 나타나다)으로도 표현할 수 있습니다.

★ before we knew it은 '금방, 어느새'라는 의미로, 상대방이 흰머리가 난 것을 인지하지 못할 정도로 빠르게 흰머리가 생긴 속도를 강조하는 표현이므로 이 맥락에는 적절하지 않습니다.

🎙️ 원어민은 이렇게 말해

- Hey, are those <u>gray</u> hairs popping up? I'm <u>starting to see</u> a few (gray hairs).

- Hey, are you getting some <u>gray</u> hairs? I've <u>noticed</u> a few (gray hairs) starting to show up.

아, 진짜? 난 내가 나름 동안이라고 자부했는데. 웬일이야!

- Really? Oh no! I <u>was</u> proud of my <u>baby face</u>. *Nice try!*
  used to be
- Oh, are you serious? I have been proud of <u>my appearance looking</u>
  myself   for
  <u>younger than I am</u>. What happened to me!

★ '동안'은 어려 보이고 귀여운 얼굴을 나타내는 babyface로 표현하기도 하지만, 이 맥락에서는 '젊어 보인다'를 뜻하는 look young이 더 자연스럽습니다. looking younger than I am은 '나보다 어려 보이는'이란 의미로 해석되기 때문에 I am 대신 my age(내 나이)를 사용해 looking younger than my age 또는 looking young for my age로 표현하는 것이 자연스럽습니다.

★ '동안이라고 자부했는데'는 과거에 느꼈던 감정이므로 '~하곤 했다'라는 의미의 used to와 '자부하다'를 의미하는 be proud of와 함께 사용하여 표현할 수 있습니다.

★ 여기서 '웬일이야!'는 받아들이기 힘든 상황을 나타내므로, '무슨 일이야?'라는 의미의 What's happening?, What's going on? 또는 '나 어떻게 된 거야?'라는 의미의 What happened to me?로 표현할 수 있습니다.

- Oh, really? I thought I <u>looked</u> pretty <u>young for my age</u>. What's happening?

- Oh, no way! I <u>used to be</u> proud of <u>(myself for)</u> looking young, but what's going on?

차라리 새치가 나아.
난 요즘 탈모가 심해서 티 안 나게 파마하잖아.

✏️ 학습자 영작 예시

- White [Gray] hair is still okay. My hair falls out too much, so I get a perm to cover it. *Almost there!* ^up^
- Gray hair is supposed to be preferable rather. As my hair-losing [hair loss] is getting worse everyday [every day], I have [get] my hair permed not to be noticed.
  [worsening]

★ '오히려 낫다'란 의미로 preferable rather라고 영작했지만 문법적으로 어색한 표현입니다. 이것은 'B를 하느니 차라리 A를 하겠다'란 의미의 would rather A than B나, 'B보다 A가 좋다'란 의미의 prefer A rather than B 또는 prefer A over B로 표현할 수 있습니다. 또는 B를 생략하고 would rather A 또는 prefer A로 간단히 표현해도 됩니다.

★ '파마를 하다'란 표현에는 get a perm, get hair permed, have hair permed 등이 있습니다. '티 안 나게 하다'란 말은 make [명사] less noticeable '[명사]를 덜 눈에 잘 띄게 만들다'로 표현하거나 '감추다, 숨기다'는 의미의 hide나 cover을 사용할 수도 있습니다.

★ '머리가 빠지다'는 현재 진행 중인 상태를 나타내므로 My hair is thinning, My hair is falling out, I'm losing hair, I'm experiencing hair loss 와 같이 현재진행형으로 나타냅니다.

🎙️ 원어민은 이렇게 말해

- I'd rather have gray hair than lose it. My hair is falling out a lot, so I'm getting perms to make it less noticeable.
- I prefer having gray hair over losing it. Recently, my hair loss has been pretty bad that I've started getting my hair permed to cover it up.

흑, 우리도 이제 슬슬 흰머리에 탈모 걱정할 나이가 되다니.
아, 요즘 그 인도 탈모약 효과 좋다던데, 안 먹어 봤어?

- I can't believe we [became the age that] we have to worry about
  gray
  ~~white~~ hair and hair loss. I heard the <u>Indian hair loss medicine</u> works
  well. Have you tried it yet? *Let's try again!*

★ '~할 나이가 되다'란 표현에는 be at the age, reach the age, get to the age 등이 있습니다.
이 표현들 뒤에 절이 올 경우에는 동사 '~에 이르렀다'와 의미가 일치하는 접속사 where를 사용하
는 게 자연스럽습니다.

★ '슬슬 걱정하다'는 start to(시작하다)와 함께 worry about, concern about을 사용하여 말
할 수 있습니다. stress about(~에 대해 스트레스 받다)로 표현할 수도 있습니다.

★ '탈모약'은 일반적으로 hair loss medication이나 medication for hair loss라고 합니다.

★ '약이 효과가 좋다'는 effective(효과적인)나 work(효과가 있다)로 표현합니다.

★ '안 먹어 봤어?'는 '시도하다'라는 뜻의 try나, 시도해 볼 것을 제안하는 give it a try, give it a
shot을 써서 말할 수 있습니다.

- I can't believe we're <u>at the age where</u> we stress about gray hair and
  hair loss. I heard about this new <u>hair loss medication from India</u> that
  actually works. Have you tried it?

- Oh my, we're <u>reaching the age where</u> we start worrying about
  gray hair and hair loss. I've heard about this new <u>Indian hair loss
  medication</u> that's supposed to be quite effective. Have you ever given
  it a try?

아, 나도 얘기는 들었는데, 그거 부작용으로 정력이 약해진다고 해서 고민 중이야.

학습자 영작 예시

- I've heard about it, too. But there seems to have *be* some side effects that stamina get weaker. *weaken* *Let's try again!*

- Ah, though I heard about that, it's not an easy option *choice* because it has a side effect to make men's stamina weaker. *of weakening* *Let's try again!*

★ '부작용'은 side effect(s), downside(불리한 면), drawback(결점) 등으로 표현할 수 있습니다. '정력'이란 단어는 크게 두 가지 의미로 나눌 수 있는데, '체력/기력'을 의미하는 stamina, energy, vigor, vitality와 '남자의 성적 능력'을 나타내는 libido, virility, sex drive 등이 있습니다. '정력이 약해지다'는 make (stamina) weaker로 표현하기보다는 간단히 weaken (stamina)로 표현하는 것이 자연스럽습니다. 자신이 직접 겪은 일이 아닌 들은 내용은 apparently(듣자 하니)를 써서 말하면 됩니다.

★ '~를 위해서 그렇게까지 (안) 할 거다'란 의미의 I'm (not) willing to risk for [목적]으로 불편한 상황에 대한 거부감을 표현할 수 있습니다. 이는 I'm not sure, I'm not convinced, I'm not certain, I don't know if(~인지 모르겠어) 등과 함께 사용하여 확신이 없음을 강조할 수 있습니다.

원어민은 이렇게 말해

- Yeah, I've heard of it. Apparently, it has side effects that might weaken my stamina, so I'm not sure.

- Oh, I've heard about it too. I don't know if I'm willing to risk my stamina for fuller/thicker hair.

이런, 엄청난 부작용이네! 탈모 심한 사람들 가발도 많이 쓰더라.

- Oh, That's a terrible side effect! People who suffer <u>with</u> hair loss *from*

  wear <u>a wig</u> too. *Nice try!*
  wigs

- <u>Dear, What</u> a huge side effect it has! <u>Heavy hair losers</u> seem to wear ?
  Oh,dear, what
  wigs.

★ '엄청난'은 serious, major, significant, huge, terrible 등으로 표현할 수 있습니다.

★ '탈모가 심한 사람들'은 people with severe hair loss, people experiencing severe hair thinning, people who suffer from severe hair loss 등으로 표현할 수 있으며, quite a few(상당수)로 그 정도를 강조할 수 있습니다. 머리카락이 많이 빠지는 상태를 나타낼 때는 heavy hair loss로 표현할 수 있지만, heavy hair loser는 모욕적으로 들릴 수 있는 표현이므로 사용을 피해야 합니다.

★ '가발을 쓰다'는 wear wigs, use wigs라고 하거나, '~에 의지하다'라는 의미의 resort to와 함께 사용하여 resort to wigs로 표현할 수도 있습니다.

🎤 원어민은 이렇게 말해

- You're kidding! That's a serious side effect. I've heard (that) <u>people with severe hair loss</u> often resort to (wearing) wigs.

- Seriously? That's a major downside/drawback! I know quite a few <u>people experiencing severe hair thinning</u> who wear wigs.

뭐, 아직 가발 쓸 정도는 아니지만, 가발은 티가 많이 나더라고.

- My hair loss is not that severe, but the wig is too easy to recognize.

  Good job!

- Well, ~~mercifully~~ *thankfully* I am not ~~on~~ *at* that stage of needing ~~to wear~~ a wig.

  ~~Wigs usually~~ don't look natural. *Keep practicing!*
  Most of them ∧*really*

★ '~할 정도'란 표현에는 at the time/stage/point of [동명사], at the stage/point where [주어 + 동사] 등이 있습니다. 이것과 need a wig(가발이 필요하다), consider a wig(가발을 고려하다)를 함께 사용하여 '가발 쓸 정도'라는 말을 자연스럽게 표현할 수 있습니다.

★ '티가 많이 나다'는 '(보기에) 뚜렷한'이란 의미의 noticeable, obvious, recognizable이나 '부자연스러운'을 뜻하는 unnatural로 표현할 수 있습니다.

- Well, I'm not at the point of needing a wig just yet, but I think wigs are pretty obvious.

- Thankfully, I'm not at the stage where I need a wig, but it seems like they can be quite noticeable.

Step 1 | 한 문장씩 구간 반복해서 들으며 동시에 따라 말해 보세요.
Step 2 | 한 문장씩 듣고 일시 정지한 다음, 그대로 흉내 내어 말해 보세요.

M Hey, are those gray hairs popping up? I'm starting to see a few.

F Oh, no way! I used to be proud of looking young, but what's going on?

M I'd rather have gray hair than lose it. My hair is falling out a lot, so I'm getting perms to make it less noticeable.

F I can't believe we're at the age where we stress about gray hair and hair loss. I heard about this new hair loss medication from India that actually works. Have you tried it?

M Yeah, I've heard of it. Apparently, it has side effects that might weaken my stamina, so I'm not sure.

F You're kidding! That's a serious side effect. I've heard people with severe hair loss often resort to wigs.

M Well, I'm not at the point of needing a wig just yet, but I think wigs are pretty obvious.

💬 이 유닛의 처음으로 돌아가서, 한국어 대화문을 보고 영어로 말해 보세요.
틀리지 않고 자연스럽게 말할 수 있을 때까지 반복해 보세요.

커트와 염색

다음 대화를 오른쪽 페이지에 영작해 보세요. 우리말을 그대로 영어로 직역하기보다는 원어민이 이 상황에서 쓸 만한 문장으로 만들어 보세요. 사전을 활용해도 괜찮아요.

 오늘은 머리 어떻게 해드릴까요?

 긴 머리가 지루해서 단발로 짧게 자르려고요.

 단발에 밝게 염색까지 하시면 얼굴이 더 환해 보일 것 같아요.

 밝은 색으로 염색한 사람들이 예뻐 보이긴 한데,
너무 튀지 않을까요?

 요즘은 금발로도 많이 하는데, 밝은 갈색 정도는 크게 튀지 않고,
얼굴이 흰 편이라 잘 어울릴 거예요.

 좋아요. 살짝 묶을 수 있을 정도 길이로 자르고,
염색 컬러도 추천해 주세요.

 네, 가르마는 왼쪽 맞으시죠?

✍️ 영작하기

오늘은 머리 어떻게 해드릴까요?

✏️ 학습자 영작 예시

- How would you like your hair done today? *Good job!*

- [How do you want] your hair today? 좀 더 공손하게!

★ '~을 어떻게 해드릴까요?'란 표현에는 How would you like ~?, What would you like to do with ~?, What style would you like ~? 등 다양하게 있습니다.

🎤 원어민은 이렇게 말해

- How would you like your hair (done/styled) today?

- What would you like to do with your hair today?

긴 머리가 지루해서 단발로 짧게 자르려고요.

- I'm tired of long hair. ~~So,~~ ^{, so} I like to cut it short. *Almost there!*
- I am sick of my long hair, ~~and~~ so I want ~~it cut off~~ ^{to cut it} short. *Almost there!*

★ '~가 지루하다', '~가 질리다'를 의미하는 표현에는 be/get bored with, be/get tired of, be/get sick of 등이 있습니다.

★ '단발로 자르다'는 cut it(= my hair) short, cut off my hair, get a short cut으로 표현하거나 '단발', '단발로 자르다'라는 의미의 단어 bob을 써서 말해도 좋습니다. 또는 '~을 어떻게 되게 하다'라는 의미의 get/have [something] p.p. 형태로 get/have my hair cut short과 같이 표현할 수 있습니다.

- I'm getting bored with my long hair, so I'm going to get my hair bobbed.
- I'm tired of my long hair, so I'm thinking about/of getting a bob (cut).

단발에 밝게 염색까지 하시면 얼굴이 더 환해 보일 것 같아요.

- I think your face ~~look~~ ^{will} look brighter if you [dye your hair ~~as~~ ^a bright color] with ~~^a~~ short cut. *Let's try again!*
- ^{Bright hair dye} ~~Bright dyeing~~ together ~~^a~~ with short ~~hair~~ ^{haircut} will <u>make your face look brighter.</u> *Let's try again!*

★ '밝게 염색하다'는 dye in a bright color, brighten one's hair, lighten one's hair로 표현할 수 있고, '밝은 염색'은 bright hair dye, light hair dye 또는 간단히 bright color, light color라고 합니다.

★ dye your hair as [color]는 '머리를 [색]과 같이 염색하다'라는 의미로 해석되므로, 불필요한 as는 생략하고 dye your hair [color] '머리를 [색]으로 염색하다'로 표현해야 합니다.

★ '환하게 보이게 하다'는 make [명사] look brighter로 표현할 수 있지만, 간단히 brighten up [명사], light up [명사]로 표현하는 것이 자연스럽습니다. 또는 '~해 보일 것이다'라는 의미의 would look과 radiant(빛나는/환한), stunning(굉장히 아름다운), amazing(놀라운) 등의 형용사를 함께 써서 표현할 수도 있습니다.

- I think a bob cut with light dye would really <u>brighten up your face</u>.
- You would look radiant with a bob cut in a bright color. It would really <u>light up your face</u>.

밝은 색으로 염색한 사람들이 예뻐 보이긴 한데,
너무 튀지 않을까요?

- [People who dyed their hair ~~as~~ ^abright color] looked pretty. But doesn't
  it stand out too much? *Let's try again!*
- I agree, people dyeing brightly look pretty, but don't you think it
  stands out too much? *Let's try again!*

  (with bright hair dye)

★ '밝은 색으로 염색한 사람들'은 people who dyed their hair a bright color라고 할 수도
있지만, people with bright-colored hair, people with bright hair colors, people with
bright hair dye 등으로 말하는 것이 더 간결하고 자연스럽습니다.

★ '너무 튀다'는 stand out too much라고 할 수도 있고, 간단히 flashy(현란한), bold(대담한),
eye-catching(눈길을 끄는), a bit too much(조금 과한)와 같은 표현을 써서 나타낼 수 있습니다.

- People with bright-colored hair look nice, but isn't it a bit too flashy?

- I think people with bright hair colors look pretty, but I just wonder if
  it might be a bit too much for me.

요즘은 금발로도 많이 하는데, 밝은 갈색 정도는 크게 튀지 않고, 얼굴이 흰 편이라 잘 어울릴 거예요.

- Many people dye their hair as blonde these days. ~~Bright~~ *Light* brown doesn't stand out much, and it would [look good on your face] since <u>your skin is bright</u>. *Let's try again!*

★ '금발'은 중성적인 맥락에서는 두 표현을 구분하지 않고 사용하는 경우가 많지만, 남자는 blond, 여자는 blonde라고 합니다. '금발로 염색하다'는 dye blond/blonde라고 하고, '금발을 하다'는 go blond/blonde, go for blond/blonde로 표현합니다. '많이 하다'는 popular(인기 있는), in style(유행하는)로 표현할 수 있습니다.

★ '밝은 갈색'은 light brown (shade), '어두운 갈색'은 dark brown이라고 합니다. shade는 '색조', '계열'을 의미합니다.

★ '흰 편이라 잘 어울릴 것이다'는 '~와 잘 어울리다'라는 의미 look great with, complement with와 '얼굴이 흰'이란 의미의 fair skin/complexion를 함께 사용하여 표현할 수 있습니다. your skin is bright도 '피부가 밝다'라는 의미이므로 '흰 피부'를 특정하는 표현으로는 어색합니다.

- Blonde seems pretty popular these days, but a light brown wouldn't be too much. I think it will <u>look great with your fair skin</u>.

- Everyone's going for blonde lately, but a light brown wouldn't stand out too much and would really <u>complement with your fair complexion</u>.

- Blonde is in style these days, but a light brown shade would be a great compromise. It would <u>look great on you</u>, especially <u>with your fair skin</u>.

좋아요. 살짝 묶을 수 있을 정도 길이로 자르고,
염색 컬러도 추천해 주세요.

✎ 학습자 영작 예시

- Okay then. Could you cut it short that I could tie up a little and
  long enough so   *-it*
  recommend hair color that suits me?
           -a

- Sounds good. Please cut my hair as short as I can bind it and
                                  to the length where   *tie it up*
  recommend dyeing color.
           -a
           dye

★ '머리를 자르다'는 have it(= my hair) cut, get it cut, cut it, trim it과 '(~의) 길이로'를 의미하는 to the length를 함께 사용하여 '~의 길이로 잘라 주세요'라고 표현할 수 있습니다. 하지만 as short as(~만큼 짧은)는 다른 무엇과 비교할 때 사용하는 표현이므로 이 맥락에는 적절하지 않습니다. 대신 '~할 만큼 긴'이란 의미의 long enough to를 써서 말하는 게 자연스럽습니다.

★ '머리를 살짝/조금 묶다'는 '(끈 등으로) 묶다'는 의미의 tie를 사용하여, tie it back a bit 또는 tie it up a bit과 같이 표현할 수 있습니다. 하지만 bind는 '묶다, 동이다, 매다'라는 의미로 끈, 밧줄, 붕대 같은 물건으로 묶는 것을 의미하므로 이 문장에서는 어울리지 않습니다.

★ '~해 주세요', '~해 주시겠어요?'는 Could you (please) ~?나 I'd like/love/appreciate ~ 등으로 공손히 말할 수 있습니다. 하지만 좀 더 캐주얼하게 '난 (추천/제안에) 마음이 열려 있다'라는 의미의 I'm open to [추천/제안]으로 표현해도 좋습니다.

🎤 원어민은 이렇게 말해

- Okay. Could you (please) cut it long enough to tie it up a bit? Also, I'd
  appreciate your recommendations for a hair color.

- Alright. I'd like to cut to the length where I can tie it back a bit. I'm
  open to your suggestions for the dye color.

네, 가르마는 왼쪽 맞으시죠?

- Sure. You part your hair on the left, right? *Good job!*

- Yes, you part your hair <u>to</u> the left, don't you? *Almost there!*
  on

★ '가르마'는 part, '가르마를 타다'는 part one's hair로 표현합니다. 현재 가르마 방향을 말할 때 '가운데'는 in the middle, '왼쪽'은 on the left, '오른쪽'은 on the right라고 합니다. 반면, 전치사 to는 '~으로'라는 의미로 가르마 타는 방향을 지시할 때 사용합니다.

'가르마'와 관련된 표현

• 제 가르마는 가운데/왼쪽/오른쪽이에요.

  My part is in the middle/on the left/on the right.

• 가르마를 가운데로/왼쪽/오른쪽으로 해 주시겠어요?

  Could you part my hair in the middle/to the left/to the right?

- Sounds good. Your part is on the left, right?

- Okay, you part your hair on the left, correct?

- Sure, no problem. Would you like to keep the part on the left?

Step 1 | 한 문장씩 구간 반복해서 들으며 동시에 따라 말해 보세요.
Step 2 | 한 문장씩 듣고 일시 정지한 다음, 그대로 흉내 내어 말해 보세요.

M How would you like your hair done today?

F I'm tired of my long hair, so I'm thinking of getting a bob.

M I think a bob cut with light dye would really brighten up your face.

F People with bright-colored hair look nice, but isn't it a bit too flashy?

M Blonde seems pretty popular these days, but a light brown wouldn't be too much. I think it will look great with your fair skin.

F Okay. Could you cut it long enough to tie it up a bit? Also, I'd appreciate your recommendations for a hair color.

M Sounds good. Your part is on the left, right?

💬 이 유닛의 처음으로 돌아가서, 한국어 대화문을 보고 영어로 말해 보세요.
틀리지 않고 자연스럽게 말할 수 있을 때까지 반복해 보세요.

DAY 11 과소비

다음 대화를 오른쪽 페이지에 영작해 보세요. 우리말을 그대로 영어로 직역하기보다는 원어민이 이 상황에서 쓸 만한 문장으로 만들어 보세요. 사전을 활용해도 괜찮아요.

우리 집 TV 좀 작은 것 같지 않아?

아니, 방 크기에 딱 적당한 것 같은데.

70인치로 살 걸 그랬어. 좀 작은 것 같아.

너 얼마 전에도 돈 없어서 이모한테 많이 빌렸다고 하지 않았어?

어, 그래도 TV는 한번 사면 오래 쓰는데, 큰 게 좋잖아.

너 매달 쇼핑에 월급을 다 써버리는 것 같던데. 지출을 줄이는 게 좋을 것 같아. 그리고 원룸에 저 TV도 충분히 크니까, 또 새로 살 생각하지 마.

📝 영작하기

📖 원어민 첨삭 확인하기

 우리 집 TV 좀 작은 것 같지 않아?

✏️ 학습자 영작 예시

- Isn't my TV a little small? *Good job!*

- [The television in our house] is a little small, isn't it? *Nice try!*
  My TV

★ '~한 것 같다'는 feel, think, seem, '좀 (너무)'는 a little (too), a bit, kinda(= kind of) 등의 표현이 있습니다. Day 2에서 언급한 것처럼 '우리 집'은 my place라고 많이 하는데 '우리 집 TV'는 간단하게 my TV라고 합니다.

🎙️ 원어민은 이렇게 말해

- Doesn't my TV seem a little too small?

- Don't you think my TV is a bit small for my place?

아니, 방 크기에 딱 적당한 것 같은데.

✏️ 학습자 영작 예시

- No, I think it's good for the room size. *Good job!*

- No, I feel it is just <u>fit</u> for the room's size. *Nice try!*
  right

★ '방 크기'는 room size 또는 size of the room이지만, TV를 놓는 특정한 공간을 가리킬 때는 '공간'이라는 의미의 space로 표현할 수 있습니다.

★ '딱 적당한 크기'는 just the right size 또는 perfect fit, good fit, fit(s) perfectly 등과 같이 사용하여 어떤 것이 이상적이거나 완벽하게 맞는다는 의미를 나타낼 수 있습니다.

🎙️ 원어민은 이렇게 말해

- I don't think so, it seems to be the perfect fit for your space.

- Not really, it looks just right for the size of your room.

- No, I think it fits your space perfectly.

> ## 70인치로 살 걸 그랬어. 좀 작은 것 같아.

a 70-inch TV
- I should have bought 70" TV. I think it's a little small. *Almost there!*

- I would have bought 70 inches thing. It seems ~~to be~~ somewhat small.
  should　　　　　*a 70-inch one*　　　　　*a little*

★ should have p.p.는 과거에 하지 않은 행동이나 선택에 대해 후회하고 아쉬워하는 표현으로 '~했어야 했는데'라고 해석합니다. would have p.p.는 주로 if와 함께 과거의 일을 가정해서 말할 때 '~했디면 ~했을 것이다'란 의미로 자주 쓰는 표현입니다.

★ '사다'는 buy, get, go for(선택하다) 등으로 표현할 수 있습니다.

★ TV 사이즈를 말할 때는 'a [대각선 길이]-inch TV' 또는 (It's) [대각선 길이] inches'로 표현합니다. 크기가 '조금' 작다는 것을 강조하려면 '약간'이란 의미의 a little, a bit, kinda 등을 넣어서 말합니다. 하지만 somewhat은 '약간 뭔가'라는 뉘앙스로, 너무 크지도 작지도 않은 애매한 의미로 어색합니다.

- I should have gotten a 70-inch TV. It seems a little small.

- I should have gone for a 70-inch one. It feels a bit too small.

너 얼마 전에도 돈 없어서 이모한테 많이 빌렸다고 하지 않았어?

- Didn't you say you borrowed a lot of money from your ~~ant~~ *aunt* lately because you didn't have any? *Almost there!*

- You told me that you borrowed some money from your aunt a few days ago, didn't you? *Good job!*

★ 직역해서 didn't you로 물으면 따지는 듯한 느낌이 들기 때문에 You were saying that ~(너 ~라고 했잖아), I remember you mentioning ~(너 ~라고 한 것 같은데) 등으로 말하는 게 좀 더 부드럽게 들립니다.

★ '돈이 전혀 없다'는 I'm broke, '돈이 부족하다'는 tight on money/cash, short on money/cash, run low on money로 표현할 수 있습니다.

★ '많은'을 나타내는 표현은 a lot of, quite a bit of, a great deal of, a ton of, a whole lot of 등 아주 다양합니다.

- You were saying that you had to borrow quite a bit of money from your aunt because you were broke.

- I remember you mentioning that you were a bit tight on cash recently and had to borrow a whole lot of money from your aunt.

어, 그래도 TV는 한번 사면 오래 쓰는데, 큰 게 좋잖아.

- We use TV for a long time once we buy, so bigger is better. *Nice try!*
  (it above buy; a under TV)

- Yes, however a television is usually used for a long time once we
  bought it, and so the bigger, the better, isn't it? *Let's try again!*
  (buy under bought)

★ '큰 게 좋다'는 bigger is better라고 말해도 되지만 '~하면 ~할수록, 더 ~하다'를 의미하는 'the [비교급], the [비교급]'을 사용하여 the bigger, the better와 같이 표현할 수 있습니다. 또한 'be worth [동명사]'(~할 가치가 있다), only buy once(한 번만 산다)와 같은 표현을 사용하여 TV는 오래 사용한다는 점을 강조할 수 있습니다.

🎤 원어민은 이렇게 말해

- Yeah, I know. But you'll use a TV for a long time once you buy it, so the bigger, the better.

- Yeah, but considering you only buy a TV once, it's worth getting a big one.

116

너 매달 쇼핑에 월급을 다 써버리는 것 같던데.
지출을 줄이는 게 좋을 것 같아.

- You seem to spend all your salary <u>for</u> shopping every month. I think
  you should cut down on your spending. *Almost there!*

  on

- I feel that you are spending all <u>the</u> salary <u>for</u> the shopping every
  month. I <u>suppose</u> you'd better reduce your spending. *Nice try!*

  your *on*
  think

★ spend for은 주로 어떤 목적이나 이벤트를 위해 돈을 쓰는 것을 강조하는 표현으로, 특정한 물
건이나 서비스를 구매하는 쇼핑과 관련해서는 spend on(~에 돈을 쓰다)을 사용합니다.

★ all the salary는 어색한 표현으로, all your salary/paycheck 또는 your entire salary/
paycheck으로 표현하는 것이 자연스럽습니다. 또한 '써버리다'는 spend로 표현할 수 있지만, '다
써 버리다, 까먹다'란 의미의 eat up을 써서 강조할 수도 있습니다.

★ '지출을 줄이다'란 표현으로는 cut down on spending/expenses, spend less, cut back
on spending/expenses, reduce spending/expenses 등이 있습니다.

★ suppose는 어떤 가정을 통해 결과를 유추할 때 쓰는 단어로, 단순히 자신의 생각이나 의견을
말할 때는 think를 씁니다.

- You seem to spend your entire paycheck on shopping every month.
  You should consider cutting back on your spending.

- Your monthly shopping expenses seem to be eating up your entire
  salary. You'd better reduce your expenses.

그리고 원룸에 저 TV도 충분히 크니까,
또 새로 살 생각하지 마.

- And that TV is big enough for the studio, so don't buy new TV again.

- As that television is big enough for a studio, don't even think of
  Since   *your*   *about*
  buying a new television.
                  one

★ 방과 거실 구분 없이 하나의 공간으로 된 원룸은 studio라고 하고, one bedroom은 방 하나와 거실이 있는 아파트, two bedroom은 방 두개와 거실이 있는 아파트를 말합니다.

- Also, your current TV is already big enough for your studio, so don't even think about buying a new one.

- Plus, the TV in your studio is already a good size, so there's no need to upgrade right now.

F Doesn't my TV seem a little too small?

M I don't think so, it seems to be the perfect fit for your space.

F I should have gone for a 70-inch one. It feels a bit too small.

M You were saying that you had to borrow quite a bit of money from your aunt because you were broke.

F Yeah, I know. But you'll use a TV for a long time once you buy it, so the bigger, the better.

M You seem to spend your entire paycheck on shopping every month. You should consider cutting back on your spending. Also, your current TV is already big enough for your studio, so don't even think about buying a new one.

💬 이 유닛의 처음으로 돌아가서, 한국어 대화문을 보고 영어로 말해 보세요.
틀리지 않고 자연스럽게 말할 수 있을 때까지 반복해 보세요.

DAY 12 새 차를 긁다

다음 대화를 오른쪽 페이지에 영작해 보세요. 우리말을 그대로 영어로 직역하기보다는 원어민이 이 상황에서 쓸 만한 문장으로 만들어 보세요. 사전을 활용해도 괜찮아요.

새 차는 어때? 내가 그렇게 사라고 할 땐 안 사더니.
갑자기 무슨 바람이 불어서 샀어?

몇 번 렌트하고 몰아봐서 괜찮을 줄 알았는데,
후방 주차하다가 시원하게 긁었어.

그 차 후방 카메라 없어? 요즘은 다 달려 있을 텐데.

후방 카메라 있어도 그러네. 이럴 줄 알았으면 서라운드 뷰도
옵션으로 넣을 걸 그랬어.

액땜했다 생각해. 그러면서 느는 거야.

견적이 꽤 나와서 보험 처리했는데.
보험료가 얼마나 오를지 걱정이다.

📑 영작하기

새 차는 어때? 내가 그렇게 사라고 할 땐 안 사더니.
갑자기 무슨 바람이 불어서 샀어?

✏️ 학습자 영작 예시

- How's your new car? You never listened to me when I told you to buy. ^one
  What changed your mind suddenly? *Almost there!*
- How ~~about~~ *is* your brand-new car? You [didn't take my repeated
  suggestions] of buying a brand new one, How come you changed your
  mind suddenly? *Let's try again!*

★ '~ 어때?'는 간단히 How's ~?로 말하기도 하지만 treating you와 함께 사용하여 경험에 대해 좀 더 자세한 답변을 기대하는 뉘앙스로 표현할 수 있습니다. 하지만 How about ~?은 뭔가 제안하거나 상대방의 의사나 상태를 물을 때 쓰는 표현으로, 새로 산 차가 어떤지 묻는 질문으로는 적절하지 않습니다.

★ didn't take my repeated suggestions은 상대방에게 조언이나 제안이 무시되었다는 듯한 공격적인 뉘앙스를 줍니다. 좀 더 부드럽게 표현하려면 take 대신 listen to, consider(고려하다)를 사용하거나, repeated suggestions 대신 '~을 계속하다'란 의미의 keep [동명사]나 좀 더 가볍고 장난스러운 느낌의 bug(괴롭히다)를 써서 말할 수 있습니다.

🎤 원어민은 이렇게 말해

- How's the new car (treating you)? I <u>kept telling</u> you to get one, but
  you resisted. What finally changed your mind?

- So, how's your new ride? I've been <u>bugging</u> you to get one, but you
  didn't. What made you suddenly go for it?

몇 번 렌트하고 몰아봐서 괜찮을 줄 알았는데,
후방 주차하다가 시원하게 긁었어.

- I rented ~~and drove~~ a car a few times so I thought I ~~might~~ *would* be okay.
  But I scratched my car <u>when I parked</u>. *Let's try again!*

- Though I thought it would be all right because I had rented ~~and~~
  ~~driven~~ the same car a few times, I have made [my car nicely
  scratched] ~~during~~ *while* parking in reverse. *Keep practicing!*

★ '렌트하고 몰아보다'를 rent and drive로 직역했는데, drive의 의미가 이미 rent 안에 내포되어 있으므로 생략하는 것이 자연스럽습니다. 여기서 '괜찮을 줄 알았는데'는 '~에 능숙하다'라는 의미의 know how to와 handle(다루다)을 사용하여 표현할 수도 있습니다.

★ '후방 주차하다'는 park in reverse 또는 reverse park라고 하며, '후진하다'라는 의미의 back up으로 표현하기도 합니다.

★ '시원하게 긁다'는 '아주 심하게 긁다'라는 의미로 scratch badly/heavily/severely/noticeably 또는 make a deep scratch로 표현할 수 있습니다. 차 자체에 흠집을 낸 경우에 쓰는 표현으로는 make a dent(움푹 들어가게 만들다), scrape(긁다) 등이 있습니다.

- Well, I thought I <u>would</u> be fine after renting it a few times, but I made a deep scratch <u>while reverse parking</u>.

- Well, I thought I knew how to handle it since I'd rented it a few times, but I scratched it quite badly <u>while trying to back up</u>.

그 차 후방 카메라 없어? 요즘은 다 달려 있을 텐데.

- Doesn't it have a rear-view camera? Most cars have ~~it~~ ^(nowadays) recently.
- Isn't there ~~any~~ ^(a) rear camera in that car? These days, it would be embedded in all. *Let's try again!*

★ 자동차의 '후방 카메라'는 후진할(back up) 때 쓰는 카메라란 의미에서 backup camera라고 하기도 하고, rearview camera라고 하기도 합니다. 참고로, '백미러'는 rearview mirror라고 합니다.

★ '달려 있다'는 '내장된'이란 의미의 embedded로 표현하기도 하지만, 이는 다소 딱딱한 표현으로, 일상적인 표현인 included나 built-in으로 표현하는 것이 자연스럽습니다. 하지만 have에 그 의미가 내포되어 있으므로 생략할 수 있습니다. 또한 후방 카메라가 있는 건 당연한 것을 표현할 때는 '일반적인'이란 의미의 standard를 사용하여 standard for cars(자동차의 표준)라고 말해도 됩니다.

★ 이 문맥에서 '요즘 자동차에 후방 카메라가 다 달려 있다'란 말은 특정 후방 카메라를 가리키는 것은 아니고, 일반적인 모든 후방 카메라를 말하므로 it이 아니라 one으로 말하는 것이 좋습니다.

★ Day 1에서 언급한 것처럼 recently는 최근에 일어난 하나의 일을 얘기할 때 쓰는 표현입니다. 이 문맥에서는 과거에 비해 '요즘'을 뜻하는 의미로 nowadays, these days, now를 쓰는 것이 자연스럽습니다.

🎤 원어민은 이렇게 말해

- Isn't it standard for cars to have backup cameras (included/built-in) now? Does yours not have one?
- Doesn't yours not have a rearview camera? I thought all cars had one (included/built-in) these days.

후방 카메라 있어도 그러네. 이럴 줄 알았으면 서라운드 뷰도 옵션으로 넣을 걸 그랬어.

- It happened even though I had it. I should have added ⌃*a* surround-view camera as an option. *Almost there!*
- It happened despite its rear camera. [If I had known this, I would have picked] *a* surround view function as an option. *Let's try again!*
  even though there was a
  the

★ '후방 카메라가 있어도 그러네'는 말 그대로 풀어서 표현할 수도 있지만, '최신 기술이 있어도'를 나타내는 even with the best technology와 '사고란 건 나기 마련이지'를 의미하는 accidents happen을 사용하여, 사고는 기술로 막을 수 없는 현실을 강조할 수 있습니다.

과거에 하지 못한 것에 대해 아쉬움을 나타내는 '가정법' 표현

- I wish I had p.p. '~했으면 좋았을 텐데' (과거에 하지 못한 일을 소망)
  예 I wish I had compared prices before getting this car.
- I should have p.p. '~했어야 했는데' (과거에 하지 않은 일을 후회)
  예 I should have looked at more options before choosing this car.
- If (only) I had p.p. '~했더라면 좋았을 텐데' (과거에 일어났을 법한 일을 가정)
  예 If I had known this would happen, I would have been more prepared.

- Yes, it does, but accidents happen, even with the best technology. I wish I had gone for the surround view option if I knew this would happen.
- Even with a backup camera, it still happened. I should have added the surround view option if (only) I had known this coming.

액땜했다 생각해. 그러면서 느는 거야.

- It happens to everyone. You'll get better. *Good job!*
- You <u>have</u> better think that it could have been much worse; [your
  driving skills improves with such an experience.] *Let's try again!*
  such an experience improves your driving skills

★ '생각해'란 말은 consider 또는 think of를 쓸 수 있고, '액땜'은 '겉으로 보기엔 나쁜 일이지만, 사실은 좋은 일이 될 수도 있다'란 의미의 blessing in disguise를 써서 표현할 수 있습니다. 또한 a lesson learned(경험으로 얻은 교훈), get better with experience(경험을 통해 더 나아지는 것), gain experience(경험을 얻다) 등을 사용해서 표현할 수도 있습니다.

🎙️ 원어민은 이렇게 말해

- Think of it as a blessing in disguise. You'll <u>get better with experience</u>.

- Consider it a lesson learned. That's how we <u>gain experience</u>, right?

126

견적이 꽤 나와서 보험 처리했는데.

- It cost a lot, so I [covered it with insurance.] *Nice try!*

- The repair ~~charge~~ estimate was pretty big, and so I [have paid the charge by my insurance]. *Let's try again!*
  filed an insurance claim

★ '수리 견적'은 repair estimate이나 estimate for repairs라고 합니다. '보험 처리하다'를 직역한 cover with insurance는 의미 전달은 되지만, 좀 더 구체적으로 '보험금을 청구하다'를 의미하는 file an insurance claim, file a claim으로 표현하는 것이 자연스럽습니다. 또한 go through the insurance process(보험 절차를 밟다)란 표현도 있습니다.

★ '견적이 많이 나왔다'는 의미에는 high(높은), steep(너무 비싼, 높은)을 써서 말하는 게 자연스럽습니다.

- The repair estimate was pretty steep, and I've already filed an insurance claim.

- The estimate for repairs was quite high, and I've already gone through the insurance process.

보험료가 얼마나 오를지 걱정이다.

- I'm worried ~~if~~ *that* my insurance ~~fee goes~~ *premium* *might go* up a lot. *Let's try again!*
- I am worried about the increase of insurance fee. *Let's try again!*
  premium increase

★ '보험료'는 (insurance) premium, '오르다'는 go up, increase, jump, surge 등의 표현이 있습니다.

★ I'm worried if는 불확실한 상황에 대한 걱정을 나타내는 표현으로, 이미 교통사고가 나서 보험료가 올라갈 수 있는 상황에 대해 걱정하는 이 문장에서는 I'm worried that이라고 하는 게 자연스럽습니다. 또는 간단히 I'm worried/concerned about [명사]로 표현할 수도 있습니다.

🎤 원어민은 이렇게 말해

- I'm worried about how much my premium will increase.

- I'm concerned about the premium increase.

Step 1 | 한 문장씩 구간 반복해서 들으며 동시에 따라 말해 보세요.
Step 2 | 한 문장씩 듣고 일시 정지한 다음, 그대로 흉내 내어 말해 보세요.

M How's the new car? I kept telling you to get one, but you resisted. What finally changed your mind?

F Well, I thought I would be fine after renting it a few times, but I made a deep scratch while reverse parking.

M Isn't it standard for cars to have backup cameras now? Does yours not have one?

F Yes, it does, but accidents happen, even with the best technology. I wish I had gone for the surround view option if I knew this would happen.

M Consider it a lesson learned. That's how we gain experience, right?

F The repair estimate was pretty steep, and I've already filed an insurance claim. I'm worried about how much my premium will increase.

💬 이 유닛의 처음으로 돌아가서, 한국어 대화문을 보고 영어로 말해 보세요.
틀리지 않고 자연스럽게 말할 수 있을 때까지 반복해 보세요.

다음 주에 갚을게

다음 대화를 오른쪽 페이지에 영작해 보세요. 우리말을 그대로 영어로 직역하기보다는
원어민이 이 상황에서 쓸 만한 문장으로 만들어 보세요. 사전을 활용해도 괜찮아요.

 야, 너 지난달에 빌려 간 돈 금방 갚겠다더니. 왜 안 갚아?

 아, 맞다. 미안. 깜빡했어.

 나 이번 달 카드값 많이 나와서 돈이 필요해.

 미안. 나 다음 주가 월급날인데 그때 주면 안 될까?

 그래, 이번엔 꼭 잊지 마.

 어, 월급 들어오면 네 돈부터 제일 먼저 이체할게.

📝 영작하기

야, 너 지난달에 빌려 간 돈 금방 갚겠다더니. 왜 안 갚아?

✏️ 학습자 영작 예시

- Hey, you said you would pay back my money you borrowed last month right away. What's going on? *Good job!*
- Hey, you said you would return the money you borrowed last month
  settle up
  as soon as possible. [Why didn't you do it?] *Let's try again!*
  What happened?

'돈'과 관련된 표현

· 돈을 빌리다: borrow money ㉑ I borrowed some money from my friend.
· 돈을 빌려주다: lend money ㉑ My friend lent me some money.
· 돈을 갚다: pay back, repay, settle up ㉑ I need to pay back the money I borrowed.
· 빚을 지다: owe money ㉑ I owe her some money.

★ return(반납하다/돌려주다)은 주로 물건을 다시 돌려주는 것을 의미하므로 돈을 갚는 맥락에는 적절하지 않습니다.

★ 위의 영작은 다소 직설적이고 싸우는 어조로 들릴 수 있습니다. 좀 더 중립적인 어조로 상대방의 의도, 계획, 상태를 확인할 수 있는 see/check if(~을 확인하다)로 표현하는 것이 좋습니다.

🎤 원어민은 이렇게 말해

- Hey, remember that money I lent you last month? Just wanted to see if you had a chance to settle up.

- Hey, I just wanted to check about the money you borrowed last month. Would you be able to pay me back soon?

아, 맞다. 미안. 깜빡했어.

- Oh, right. I'm sorry. It slipped my mind. *Good job!*

- Oh, you are right, I'm sorry. I forgot it. *Almost there!*
  about

★ '깜박하다'란 표현에는 forget (about ~)과 slip one's mind가 있습니다. 이에 더 강조해서 말하고 싶을 때는 '완전히'라는 의미의 completely 또는 totally를 함께 사용하면 됩니다.

- My bad, I'm so sorry. It completely slipped my mind.

- Oh, sorry about that. I totally <u>forgot about</u> it.

나 이번 달 카드값 많이 나와서 돈이 필요해.

- I have to pay <u>lots of</u> credit card <u>bill</u> this month. I need money.
  <small>~~bills~~</small>

  Let's try again!

- <u>I need money</u> because my credit card bill <u>has big figure</u> this month.

  Let's try again!

★ '카드값'은 credit card bill이며, 비용이나 벌금과 같은 금전적인 것이 많이 나온 정도를 강조할 때는 hefty(= big)를 써서 나타낼 수 있습니다. 또한 '아주 많다'를 뜻하는 (really) high나 '천장을 뚫을 듯 엄청 비싼'을 의미하는 through the roof로도 표현할 수 있습니다. 하지만 big figure는 외환 시장에서 사용되는 용어로 이 상황에는 어울리지 않습니다.

★ '돈이 필요하다'는 직접적으로 I need money.라고 하거나 '돈이 전혀 없다'는 것을 강조하기 위해 I'm broke.로 표현할 수 있습니다. '돈이 부족하다'라는 의미로 자주 사용하는 표현에는 tight on money/cash, short on money/cash, run low on money 등이 있습니다.

★ I was hoping(~을 했으면 해서) 또는 Would you be able to(~할 수 있어?)와 같은 표현을 '돈을 갚다'라는 의미의 pay back, repay, settle up 등과 함께 사용하면 좀 더 부드럽게 협조를 구하는 표현이 됩니다.

- I'm a bit tight on money this month because my credit card bill is
  <u>through the roof</u>. I was hoping you could settle up with me ASAP.

- <u>I'm a little short on cash</u> this month due to a <u>hefty</u> credit card bill.
  Would you be able to pay me back soon?

미안. 나 다음 주가 월급날인데 그때 주면 안 될까?

- I'm sorry, my payday is next week. ~~So;~~ *Can* can I pay back next week? *then*
  ^*you*
- Sorry, [the next week is my payday.] Can I defer the return to that
  day? *Let's try again!* *pay you back then*

★ '월급날'은 payday, '월급'은 paycheck, salary, '월급을 받다'는 get paid입니다. '다음 주가 월급날인데'는 My payday is next week, My paycheck comes in next week, I get paid next week, I don't get paid until next week와 같이 말할 수 있습니다. 하지만 payday는 월급날 하루를 의미하는데, the next week is my payday라고 하면 다음 주 7일 전체가 월급날이란 말이 되어 어색한 문장이 됩니다.

★ defer the return(반납을 미루다)은 이 상황에 어울리지 않습니다. '돈을 갚다'는 pay you back, settle up 등으로 표현해야 합니다.

- I'm sorry, but I don't get paid until next week. Is it okay if I pay you back then?
- Sorry about the wait. My paycheck comes in next week, and I'll definitely pay you back then.
- I feel terrible for forgetting. Can I settle up with you when I get paid next week?

그래, 이번엔 꼭 잊지 마.

- Fine, don't forget this time. *Great job!*

- OK, don't forget ~~it for sure~~ this time. *Keep practicing!*
  make sure you

★ 긍정적인 동의를 나타내는 표현에는 fine, okay 외에도 That works (for me), That sounds good, I'm cool with that과 같이 좀 더 부드러운 표현들도 있습니다.

★ '잊지 마'는 don't forget (about it) 또는 '기억해'라는 의미의 remember를 써서 말해도 되고, '꼭'이란 의미를 강조하기 위해 make sure(확실히 하다), try to(하려고 노력하다)를 사용할 수 있습니다.

- Sure, sounds good. Just try to remember this time, please.

- Okay, that works for me. Just don't forget about it this time.

어, 월급 들어오면 네 돈부터 제일 먼저 이체할게.

- Of course. I'll transfer ~~money~~ ^{your} ~~right away~~ as soon as I get my paycheck. *Nice try!*
- Yes, once the salary is ~~paid~~ ^{deposited} into my account, I will transfer your money ~~for the~~ first. *Let's try again!*

★ '월급이 들어오다'는 앞서 다룬 '월급을 받다'를 뜻하는 get paid, get my paycheck 또는 '들어오다'라는 의미의 come in을 써서 말할 수 있습니다. salary is paid into my account는 '월급이 내 계좌에 지불되다'라는 뜻이 되어 어색합니다. 따라서 paid 대신 deposit(입금되다)을 쓰는 것이 적절합니다.

★ right away(곧바로)와 as soon as(~하자마자)는 둘 다 빠른 조치를 강조하는 표현입니다. 두 표현을 함께 사용하면 중복되어 어색하게 들리므로 right away를 생략하면 자연스럽게 표현할 수 있습니다.

★ for the first는 '처음으로'라는 뜻이지만, 단독으로는 쓰지 않습니다. for the first [time]과 같이 뒤에 구체적인 '활동'이나 '기간'과 함께 사용합니다. 따라서 이 문장에서는 right away(곧바로), ASAP(= as soon as possible)(가능한 한 빨리), first thing(맨 먼저) 등으로 표현하는 게 좋습니다. '이체하다'는 transfer 또는 '보내다'는 의미의 send를 사용합니다.

- I won't. I'll send you the money as soon as my paycheck comes in.
- Of course, I'll transfer your money first thing once I get my paycheck.
- Yes, once my paycheck is <u>deposited</u> into my account, I'll transfer your money ASAP.

Step 1 | 한 문장씩 구간 반복해서 들으며 동시에 따라 말해 보세요.
Step 2 | 한 문장씩 듣고 일시 정지한 다음, 그대로 흉내 내어 말해 보세요.

F Hey, remember that money I lent you last month? Just wanted to see if you had a chance to settle up.

M My bad, I'm so sorry. It completely slipped my mind.

F I'm a bit tight on money this month because my credit card bill is through the roof. I was hoping you could settle up with me ASAP.

M I'm sorry, but I don't get paid until next week. Is it okay if I pay you back then?

F Okay, that works for me. Just don't forget about it this time.

M Of course, I'll transfer your money first thing once I get my paycheck.

💬 이 유닛의 처음으로 돌아가서, 한국어 대화문을 보고 영어로 말해 보세요.
틀리지 않고 자연스럽게 말할 수 있을 때까지 반복해 보세요.

Chapter 3
연애

다음 대화를 오른쪽 페이지에 영작해 보세요. 우리말을 그대로 영어로 직역하기보다는 원어민이 이 상황에서 쓸 만한 문장으로 만들어 보세요. 사전을 활용해도 괜찮아요.

 야, 너 언제까지 그렇게 폐인처럼 지낼 거야?
이제 그만 잊을 때도 되지 않았어?

 나도 그러고 싶은데, 자꾸 생각나는 걸 어떡해.

 이제 와서 이런 말 하긴 그렇지만,
걔 처음 봤을 때부터 날라리 같고 여자 친구감이 아니었어.

 난 날라리 같은 그런 모습에 반한 거니까.

 이별의 아픔엔 새로운 사랑이 최고의 약이야.
집에만 있지 말고 사람들 좀 만나.

📝 영작하기

> 야, 너 언제까지 그렇게 폐인처럼 지낼 거야?
> 이제 그만 잊을 때도 되지 않았어?

✏️ 학습자 영작 예시

- Hey, are you going to live like ~~failure~~ *a hermit* forever? Isn't it time to get

  over? *Nice try!*
  ↑ her

- Hey, how long are you gonna ~~be~~ *stay* so ~~dejected~~ *heartbroken*? Now it's time to forget

  it, isn't it? *Let's try again!*
  about her ~~It's~~

★ failure(실패자)라는 직설적인 단어보다는 '폐인'을 좀 더 비유적으로 표현할 수 있는 hermit (혼자 고립된 생활을 하는 사람) 또는 shut-in(집 안에만 틀어박혀 있는 사람)으로 표현하는 게 좋습니다. dejected는 일상적인 대화에서는 자주 사용하지 않는 표현입니다. '상심한'이란 의미로는 sad, down, broken-hearted, heartbroken 등을 써서 말할 수 있습니다.

★ '지내다'는 '들어앉아 있다, 갇혀 있다'란 의미의 be/stay cooped up, shut/lock (oneself) in, close (oneself) off나 '살다'라는 의미의 live로 표현할 수 있습니다. 또한 '자기 연민'이란 의미의 pity party를 사용하여 throw (oneself) a pity party, be/stay cooped up in self-pity로 자기 연민에 빠져 있음을 표현할 수도 있습니다.

★ '떠난 사람을 잊다'라고 할 때는 move on(미련을 버리다), let go of [목적어](쥐고 있던 것을 놓다), get over [목적어], forget about [목적어](~을 잊다) 등으로 표현할 수 있습니다. 잊지 못하고 '과거에 집착하다/머무르다'는 의미의 dwell on the past도 있습니다.

🎤 원어민은 이렇게 말해

- Hey, how long are you gonna to stay cooped up like <u>a hermit</u>? It's time to move on.

- When are you gonna stop living like <u>a shut-in</u>? Isn't it time to let go of the past?

나도 그러고 싶은데, 자꾸 생각나는 걸 어떡해.

학습자 영작 예시

- I wish I could. But (, but) I keep thinking about it. *Almost there!*
- I wish I could. But (, but) I can't help thinking about her. *Almost there!*

★ 자신의 의지와 달리 뜻대로 안 된다고 할 때는 I wish I could, but ~, I really want/need to, but ~, I really should, but ~ 등으로 표현할 수 있습니다.

★ '자꾸 ~하게 되다'는 can't stop/help -ing 형태로 말하는 게 가장 쉽습니다. 이외에도 can't seem to(~할 수 없는 것 같다), I find myself(스스로를 발견하다), constantly(끊임없이) 등을 써서 표현할 수 있습니다. '생각하다'란 말은 think about 외에도 get [목적어] out of mind(~를 마음에서 지우다)란 표현을 써서 말할 수도 있습니다.

원어민은 이렇게 말해

- I know I really should, but I can't stop thinking about her.
- I wish I could (move on), but I find myself constantly thinking about her.
- I know I want to, but I can't seem to get her out of my mind.

이제 와서 이런 말 하긴 그렇지만, 걔 처음 봤을 때부터 날라리 같고 여자 친구감이 아니었어.

- It's over already, but she looked like a delinquent *party girl* and wasn't girlfriend material. *Nice try!*
- Though it sounds weird now, she seemed to be punky *free-spirited* and not for a girlfriend when I first saw her. *suitable* *Nice try!*

상대방에게 불편하거나 민감한 주제에 대해 조심스럽게 말할 때 쓰는 표현

- I know this might sound harsh. 조금 못되게 들릴지 모르지만.
- I know it's not the nicest/best thing to say. 좋은 말이 아니란 건 알지만.
- I'm not sure if this is the right time to say this. 이 말을 하기에 적절한 때인지는 모르겠지만.
- I don't mean to offend you. 불쾌하게 하려는 건 아닌데.
- I'm just being honest. 솔직하게 말하면.
- I hate to say it. 말하기 좀 그렇지만.
- I hope you don't take this the wrong way. 오해하지 마.
- I hope I'm not out of line. 내가 선을 넘는 게 아니면 좋겠지만.

★ when은 '특정 시간, (처음 본) 때'를 의미합니다. '(처음 봤을) 때부터'를 강조하려면 from the first time [주어+동사], 또는 (ever) since I first [동사]로 나타낼 수 있습니다. 좀 더 간결하게 '시작점'을 뜻하는 get-go를 사용해 from the get-go로 표현할 수 있습니다.

★ '날라리'는 '노는 걸 좋아하는 사람'이니까 into partying, party girl/animal로 표현하거나, flaky(신뢰할 수 없는), unpredictable(종잡을 수 없는), free spirit/free-spirited(자유로운 영혼/자유분방한), flirty(끼 부리는) 등으로 표현할 수 있습니다. 하지만 punky는 주로 의상이나 헤어스타일, 반항적인 태도를 나타내고, delinquent는 '비행의', '범죄 성향을 보이는 사람'을 뜻하므로 이 상황에는 어울리지 않습니다.

★ '여자 친구감'에서 '-감'은 보통 '~ 자질을 갖춘 사람'이라는 의미에서 '~ material'이라고 합니다. 그리고 여기서는 '정착하다'란 의미의 settle down을 사용하여 표현할 수도 있습니다.

- I know it's not the best thing to say now, but honestly, I never saw her as girlfriend material from the get-go; she was a bit of a <u>party girl</u>.

- I know this might sound a bit harsh, but she was more <u>into partying</u> than settling down from the first time I saw her.

- I'm not sure if this is the right time to say this, but I never thought she was the type to settle down. She seemed a bit <u>flaky</u> (ever) since I first saw her.

 난 날라리 같은 그런 모습에 반한 거니까.

✏️ 학습자 영작 예시

- I <u>was into</u> her because she looked like a ~~delinquent~~ *party girl*. *Nice try!*
- I fell for her ~~punkiness~~ *free spirit*, though. *Nice try!*

★ be into는 어떤 사람에게 관심이나 호감이 있는 상태를 나타내고, '~에게 반하다(빠지다)'는 fall for, fall in love with로 표현합니다. 특정한 매력에 끌렸을 때는 be attracted/drawn to로 표현하거나, 좀 더 캐주얼하게 '[특성] charm'으로 표현할 수 있습니다.

🎙️ 원어민은 이렇게 말해

- I <u>was drawn to</u> her free spirit; that's what made me fall for her.

- I <u>fell in love with</u> her because of that <u>free-spirited charm</u>.

145

이별의 아픔엔 새로운 사랑이 최고의 약이야.
집에만 있지 말고 사람들 좀 만나.

- New love is best cure for pain of breakup. Don't stay at home all day. *the* *a*
  You should meet some people. *Nice try!*

- A new love is the best medicine for lost love. Don't stay home all *a* the
  time; ~~and~~ go out to see people. *Let's try again!*
  and meet

★ '이별의 아픔'을 직역하면 pain of breakup이라 할 수 있지만, 원어민들은 보통 (a) broken heart 또는 heartbreak라고 합니다. '이별의 아픔을 치료하다'는 [어떤 사람을] 잊다/극복하다는 의미의 get over [someone]로 표현하거나, '새로운 사람을 만나다'라는 의미의 date/find someone new로 표현할 수 있습니다. '최고의 치료법/약'은 the best cure/remedy 또는 '최고의 해결 방법'을 의미하는 the best way로 표현할 수 있습니다.

★ '집에만 있다'는 stay home all day라고 해도 되지만, 집에 틀어박혀 있다는 것을 강조하고 싶다면 be/stay cooped up, shut/lock (oneself) in, close (oneself) off로 표현할 수 있습니다. 또는 '우울하게/침울하게 서성거리다'는 의미의 mope around로 표현할 수도 있습니다.

★ '사람들 좀 만나'는 새로운 사람도 만나고 즐기라는 의미이니까 get/go out (there)과 meet new people, have some fun으로 표현할 수 있습니다.

- Finding a new love can be the best remedy for a broken heart. Don't shut yourself in, but go out there and meet (some) people.

- The best way to get over someone is to date someone new. Don't just mope around the house. You should get out there and meet new people.

- The best way to cure heartbreak is to find someone new. Don't just stay cooped up at home. Get out there and have some fun!

Step 1 | 한 문장씩 구간 반복해서 들으며 동시에 따라 말해 보세요.
Step 2 | 한 문장씩 듣고 일시 정지한 다음, 그대로 흉내 내어 말해 보세요.

F Hey, how long are you gonna stay cooped up like a hermit? It's time to move on.

M I know I want to, but I can't seem to get her out of my mind.

F I know it's not the best thing to say now, but honestly, I never saw her as girlfriend material from the get-go; she was a bit of a party girl.

M I was drawn to her free spirit; that's what made me fall for her.

F The best way to get over someone is to date someone new. Don't just mope around the house. You should get out there and meet new people.

💬 이 유닛의 처음으로 돌아가서, 한국어 대화문을 보고 영어로 말해 보세요.
틀리지 않고 자연스럽게 말할 수 있을 때까지 반복해 보세요.

바에서 말을 걸어올 때

다음 대화를 오른쪽 페이지에 영작해 보세요. 우리말을 그대로 영어로 직역하기보다는 원어민이 이 상황에서 쓸 만한 문장으로 만들어 보세요. 사전을 활용해도 괜찮아요.

맛있어 보이네요. 그거 뭐예요?

아, 이거요? 피나 콜라다(Piña Colada)요.
코코넛 크림과 파인애플이 들어간 거예요.

누구 기다리는 분 있으세요?

네, 친구 기다리고 있어요.

전 마이크라고 합니다. 친구 올 때까지 같이 있어도 괜찮을까요?

말은 고맙지만, 혼자 있고 싶어요.

그러시군요. 실례가 됐다면 죄송합니다.

🖋 영작하기

📑 원어민 첨삭 확인하기

 맛있어 보이네요. 그거 뭐예요?

✏️ 학습자 영작 예시

- That looks good. What is the name of it? *Good job!*

- It looks yummy. What is it? *Good job!*

★ '맛있는'이란 뜻의 단어에는 tasty, yummy, good, delicious, delightful 등이 있습니다. '그거 뭐예요?'는 What is it called?, What kind of drink/cocktail is it?, What's the name of it(= the cocktail)?과 같이 표현할 수 있습니다. 또한, 뭘로 만든 칵테일인지 묻고 싶다면, 간단히 What's in it?이라고 해도 됩니다.

🎙️ 원어민은 이렇게 말해

- Wow, that looks good. What kind of drink is it?

- Whoa, looks tasty/delicious. What's in it?

아, 이거요? 피나 콜라다(Piña Colada)요.
코코넛 크림과 파인애플이 들어간 거예요.

- Oh, this? Piña Colada. It's <u>made of</u> coconut cream and pineapple.
  made with
  Almost there!

- Ah, you meant this? Piña Colada. It is <u>made of</u> coconut cream and
  made with
  pineapple. *Almost there!*

★ made of는 '이 책상은 원목으로 만들어졌다'처럼 원재료의 성질이 변하지 않았을 때 쓰고, made from은 '종이는 나무로 만들어진다'처럼 원재료가 가공되어 완전히 다른 성질의 물건이 되었을 때 씁니다. 하지만 음식이나 음료의 재료를 말할 때는 made with를 씁니다.

- Oh, this? It's a Piña Colada. It's <u>made with</u> coconut cream and
  pineapple.

- Oh, just a Piña Colada. <u>It has</u> coconut cream and pineapple <u>in it</u>.

누구 기다리는 분 있으세요?

- Are you waiting for someone? *Good job!*

- Who are you waiting for? 공손하게!

★ 처음 만난 상대방에게 Who로 시작하는 의문문을 사용하면, 직접적이고 공손하지 못한 느낌을 줄 수 있습니다. 대신 Are you ~?로 표현하면 보다 공손하게 상대방과 대화를 이끌어 갈 수 있습니다.

🎤 원어민은 이렇게 말해

- Are you expecting anyone?

- Are you waiting for someone (to join you)?

네, 친구 기다리고 있어요.

- Yes, I'm waiting for my friend. *Great job!*

- Yes, I'm expecting a friend.

- Yes, I'm waiting for my friend to join me.

- Yeah, my friend should be here any minute now.

전 마이크라고 합니다.
친구 올 때까지 같이 있어도 괜찮을까요?

- I'm Mike. Can I *be* with you until your friend come? *Almost there!*
- I'm Mike. Do you mind if I'm with you until your friend arrives?
  Almost there!

★ 혼자 있는 사람에게 함께 있어도 될지 물어볼 때는 stay with, join, keep [someone] company 등으로 표현합니다. be with는 보다 친밀한 관계에 있는 사람이 위로하거나 격려하려고 같이 있겠다고 할 때 사용합니다.

★ '오다'는 come, show up(나타나다), arrive, get here 등으로 표현할 수 있습니다.

★ 상대방의 허락을 구할 때는 Would/Do you mind if [과거형]?, Would it be okay if [과거형]?으로 표현하거나, Would you like ~? 등으로 말하는 것이 예의 바르고 상대를 존중하는 느낌을 줍니다.

🎙️ 원어민은 이렇게 말해

- I'm Mike. Would you mind if I kept you company until your friend shows up?

- Hey, I'm Mike. Would it be okay if I joined you until your friend arrives?

- Hi, I'm Mike. Would you like some company until your friend gets here?

말은 고맙지만, 혼자 있고 싶어요.

- Thank you, but I <u>want to</u> be alone. *Almost there!*

- I appreciate your words, but I <u>wanna</u> be alone. *Almost there!*

★ 상대방의 제안을 거절할 때는 무례하게 들릴 수 있는 I want to(= wanna)보다는 좀 더 부드럽고 간접적인 표현인 I would like to, I'd prefer to 또는 I need ~, I hope ~ 등으로 표현하는 것이 좋습니다. '혼자 있다'는 be alone, need some time alone, have some solo time 등으로 표현할 수 있습니다.

🎙️ 원어민은 이렇게 말해

- I appreciate the offer, but I'<u>d prefer to</u> be alone for now.

- Thanks for your words, but I <u>need</u> some time alone.

그러시군요. 실례가 됐다면 죄송합니다.

- I see. I'm sorry if I <u>bother</u> you. *Almost there!*

  was bothering

- I understand ~~you are.~~ Please pardon me if <u>you are disturbed</u>.

  I was intruding

★ 상대방을 불편하게 한 자신의 행동에 대해 사과할 때는 I'm sorry if ~, I apologize if ~, Please pardon me if ~로 표현하거나, I didn't mean to로 자신의 의도가 그게 아니었음을 표현할 수 있습니다.

★ '방해하다, 귀찮게 하다'란 의미의 동사로 intrude(침범하다), interrupt, disturb, bother 등이 있고, 형용사 intrusive(끼어드는)를 써서 말할 수도 있습니다. 자신의 잘못한 행동을 강조하기 위해서는 과거진행형을 사용하는 것이 자연스럽습니다.

- Sure, I understand. I didn't mean to <u>intrude</u>.

- No worries. I apologize if I was being <u>intrusive</u>.

Step 1 | 한 문장씩 구간 반복해서 들으며 동시에 따라 말해 보세요.
Step 2 | 한 문장씩 듣고 일시 정지한 다음, 그대로 흉내 내어 말해 보세요.

M Wow, that looks good. What kind of drink is it?

F Oh, this? It's a Piña Colada. It's made with coconut cream and pineapple.

M Are you waiting for someone?

F Yes, I'm expecting a friend.

M I'm Mike. Would you mind if I kept you company until your friend shows up?

F I appreciate the offer, but I'd prefer to be alone for now.

M Sure, I understand. I didn't mean to intrude.

💬 이 유닛의 처음으로 돌아가서, 한국어 대화문을 보고 영어로 말해 보세요.
틀리지 않고 자연스럽게 말할 수 있을 때까지 반복해 보세요.

데이트 신청

다음 대화를 오른쪽 페이지에 영작해 보세요. 우리말을 그대로 영어로 직역하기보다는 원어민이 이 상황에서 쓸 만한 문장으로 만들어 보세요. 사전을 활용해도 괜찮아요.

 너 혹시 일본 음식 좋아해?

 스시, 라멘, 돈가스… 일본 음식이라면 내가 환장하지.

 가츠산도(Katsu Sando)가 맛있는 가게가 있는데, 내일 약속 없으면 같이 먹으러 갈래?

 나한테 데이트 신청하는 거야?

 뭐 그냥 맛집 같은 데 혼자 가기 싫어서.

 그래? 나도 먹어 보고 싶으니까 같이 가 보자.

 알았어, 거기 11시에 오픈이니까 내가 먼저 가서 줄 서 있을게.

📝 영작하기

너 혹시 일본 음식 좋아해?

✏️ 학습자 영작 예시

- Do you happen to like Japanese food? *Excellent!*
- Do you happen to be fond of Japanese food? *Excellent!*

★ '혹시 ~하나 싶어서 물어보는 거야'라는 뉘앙스로 질문할 때는 happen to나 by any chance 를 써서 말합니다. '좋아하다'란 표현에는 like, love, enjoy, be into, be a fan of, be fond of 등 이 있습니다.

🎙️ 원어민은 이렇게 말해

- Do you like Japanese food by any chance?
- Do you happen to enjoy Japanese food?

스시, 라멘, 돈가스… 일본 음식이라면 내가 환장하지.

- Sushi, Ramen, Tonkatsu... You name it. I'm a sucker for Japanese food.
  Outstanding!

- Sushi, ramen, tonkatsu... I go crazy for Japanese food. *Outstanding!*

★ '환장하다'는 be a sucker for(~에 열광하다), be obsessed with(~에 집착하다), be crazy about(~을 미치도록 좋아하다), go crazy for(~에 미쳐버리다), can't get enough of(~을 끊을 수 없다) 등으로 표현할 수 있습니다. 그리고 You name it!(뭐든지 말해 봐!)이나 anything Japanese(일본 (음식)은 무엇이든)와 같은 표현을 써서, 일본 음식은 뭐든 다 좋아함을 강조할 수 있습니다.

★ 스시, 라멘, 돈가스는 일본 음식이지만, 대중적으로 알려진 음식이므로 소문자, 대문자 둘 다 쓸 수 있습니다.

- Sushi, Ramen, Tonkatsu... I go crazy for anything Japanese.

- Sushi, ramen, tonkatsu... I'm obsessed with Japanese food.

> 가츠산도(Katsu Sando)가 맛있는 가게가 있는데,
> 내일 약속 없으면 같이 먹으러 갈래?

✏️ 학습자 영작 예시

- I know a good Katsu Sando restaurant. I was wondering if you <u>could</u> *would like to*
  go there together tomorrow. *Almost there!*

- I know a <u>store</u> that <u>made Katsu Sando well</u>. [why don't you go there
  with me] if you don't have any <u>appointment</u>. *Why don't we go there together*
  plans

★ '~가 있는데'는 I know(안다) 또는 I found(발견했다)로 표현할 수 있습니다. 이 문맥에서 '가게'는 음식점을 나타내므로 restaurant, place, spot으로 표현할 수 있지만, store는 주로 물건을 판매하는 상점을 나타내기 때문에 이 문맥에는 적절하지 않습니다. '~가 맛있는 가게'는 a restaurant that serves delicious [음식 이름], a place that has great/amazing [음식 이름], a spot that serves tasty [음식 이름] 등으로 표현할 수 있습니다.

★ '약속이 없다'는 간단히 be free/available로 표현하거나, '일반적인 계획'을 나타내는 plan(s)을 사용하여 don't have any plans로 표현할 수 있습니다. 하지만 appointment(s)는 업무 미팅이나 병원, 미용실 등의 '예약'을 말할 때 쓰는 단어로 이 상황에는 어울리지 않습니다.

상대방에게 자연스럽게 제안할 때 사용할 수 있는 표현

- Would you like to ~?
- What do you think about ~?
- How about ~?
- I was wondering if you'd like to ~?
- Would you be interested in ~?
- Let's ~.

★ Why don't you ~?는 상대방에게 뭔가를 하도록 권할 때 쓰는 표현이고, 함께 무엇을 하지 않겠느냐고 물어볼 때는 Why don't we ~?라고 합니다.

★ '같이 먹으러 가다'는 go (out to eat) together라고 하는데 '식사'를 나타내는 breakfast, lunch, dinner와 함께 사용하여 go (out) for [식사] together나 have [식사] with me와 같이 좀 더 구체적으로 물어볼 수도 있습니다.

- I know a <u>place</u> that <u>has amazing Katsu Sando</u>. If you don't have any <u>plans</u> for tomorrow, <u>would you like to</u> go there (for lunch) together?

- I found this <u>restaurant</u> with incredible Katsu Sando. If you're free tomorrow, (do you) wanna have lunch with me?

 나한테 데이트 신청하는 거야?

- Are you asking me out? *Great job!*

- You are asking me out? *Good job!*

★ '데이트 신청하다'는 ask [someone] out (on a date)라고 하고, '데이트하다'는 go on a date 나 간단히 date로 표현하기도 합니다. '혹시'라는 의미를 더해서 말하려면, 뒤에 or something을 넣으면 됩니다.

- Are you asking me out or something?

- Are you asking me out on a date (or something)?

뭐 그냥 맛집 같은데 혼자 가기 싫어서.

- I just don't want to go to ⌒ᵃ popular restaurant alone. *Almost there!*
- Well, I don't want to go ⌒ᵃ must-eat place by myself. *Almost there!*
  (to)

'맛집'을 나타내는 표현

good, amazing, best, famous, hot,
popular, hip, trendy, must-eat } + restaurant, place, spot

'혼자'란 표현에는 alone, by myself가 있고, '~에 가다/가 보다'는 go to, hit up, check out 등으로 표현할 수 있습니다.

🎤 원어민은 이렇게 말해

- I just don't feel like hitting up a hot spot by myself, you know?
- Well, I just don't want to check out a good restaurant alone.

그래? 나도 먹어 보고 싶으니까 같이 가 보자.

- <u>Is that so?</u> I want to try it anyway. So, let's check it out. *Good job!*

- <u>Is that so?</u> I want to <u>eat</u> it, too. Let's go together. *Good job!*
  try

★ Is that so?는 상대방의 말에 의아해하면서도 수긍하고 넘어갈 때 쓰는 표현으로, 상대방에게도 그 느낌이 전달됩니다. 원어민은 보통 이 상황이라면 개의치 않는다는 느낌으로 좀 더 쿨하게 Sure, why not? 또는 Oh, yeah?, Oh, really?와 같이 말합니다.

★ '~하고 싶다'란 표현에는 I want to, I'd like to, I'd love to, I'm down to 등이 있습니다. '가 보자'는 말은 Let's go!, Let's do it!, Let's check it out! 등으로 표현하거나, '나도 할게'라는 의미로 I'm in!이나 I'm up for it!을 써서 제안에 적극적으로 참여하겠다는 의사를 표현할 수 있습니다.

🎙 원어민은 이렇게 말해

- <u>Sure, why not?</u> I'd love to try it, too. Let's do it!

- <u>Oh, yeah?</u> I'm down to try it. I'd love to go with you. I'm in!

알았어, 거기 11시에 오픈이니까 내가 먼저 가서 줄 서 있을게.

- Sounds great. They open at 11. I'll go there first and stand in line.

  Excellent!

  restaurant
- OK, the ~~store~~ opens at 11. I will ~~wait in line in advance.~~ *Let's try again!*

  get there early and

★ '~시에 오픈이다'는 간단히 open at [시간]으로 표현합니다.

★ 어떤 장소에 다른 사람보다 '먼저/일찍 가다'는 get there first/early 또는 go there first/early로 표현합니다. in advance는 어떤 일이 시작되기 전 '미리/사전에'라는 의미여서, 이 맥락에는 적절하지 않습니다. '줄을 서다'란 표현에는 stand in line, wait in line, get in line, line up, queue up 등이 있습니다.

- Awesome, they open at 11, so I'll get there early and stand in line.

- Great, I'll go (there) first and line up since it opens at 11.

Step 1 | 한 문장씩 구간 반복해서 들으며 동시에 따라 말해 보세요.
Step 2 | 한 문장씩 듣고 일시 정지한 다음, 그대로 흉내 내어 말해 보세요.

M Do you like Japanese food by any chance?

F Sushi, Ramen, Tonkatsu... I go crazy for anything Japanese.

M I know a place that has amazing Katsu Sando. If you don't have any plans for tomorrow, would you like to go there together?

F Are you asking me out or something?

M I just don't feel like hitting up a hot spot by myself, you know?

F Sure, why not? I'd love to try it, too. Let's do it!

M Awesome, they open at 11, so I'll get there early and stand in line.

💬 이 유닛의 처음으로 돌아가서, 한국어 대화문을 보고 영어로 말해 보세요.
틀리지 않고 자연스럽게 말할 수 있을 때까지 반복해 보세요.

다음 대화를 오른쪽 페이지에 영작해 보세요. 우리말을 그대로 영어로 직역하기보다는
원어민이 이 상황에서 쓸 만한 문장으로 만들어 보세요. 사전을 활용해도 괜찮아요.

 오늘 퇴근 시간 맞춰 내가 자기 회사 앞으로 데리러 갈게.

 퇴근 시간에 차 많이 막힐 텐데.

 괜찮아. 하던 일 빨리 마무리하고 일찍 출발할게.

 어, 직원들 6시에 다 퇴근하니까 6시 15분쯤 와.

 회사 앞에 주차해도 괜찮아?

 응, 잠깐은 괜찮아. 거의 도착했을 때 문자 주면 바로 나갈게.

 알았어. 근처 가서 연락할게. 이따 봐.

✍ 영작하기

오늘 퇴근 시간 맞춰 내가 자기 회사 앞으로 데리러 갈게.

✏️ 학습자 영작 예시

- I'll pick you up at your <u>company</u> when you get off work. *Almost there!*
  office
- I will go and pick you up in front of your <u>company</u> [by close of
  office
  business,] today. *Let's try again!*

★ '퇴근 시간 맞춰'는 '~까지'라는 의미의 by와 '퇴근 시간'이란 의미의 직역 quitting time, closing time, end of the day로 표현하는 것보다, '퇴근 후'를 뜻하는 after (your) work나 when you get off work로 표현하는 것이 더 일반적이고 자연스럽습니다.

★ '(차로) 데리러 가다'는 pick up으로 from [장소], at [장소]와 함께 표현합니다. 또한 '~에 잠깐 들르다'를 의미하는 swing by를 써서 표현할 수도 있습니다. '회사'는 '일하는 곳, 사무실'을 가리키기 때문에 '기업'이라는 넓은 의미의 company보다는 office로 표현하는 것이 좋습니다.

🎤 원어민은 이렇게 말해

- I'll pick you up from your <u>office</u> when you get off work today.

- I'll swing by to pick you up after work outside your <u>office</u> today.

퇴근 시간에 차 많이 막힐 텐데.

- Traffic will be bad ~~in~~ *during* commuting hours. *Almost there!*

- I am afraid that the roads will be <u>jammed</u> <u>by close of business</u>.
Let's try again!   *congested*   *during rush hour*

★ '퇴근 시간'은 '교통이 혼잡한 출퇴근 시간'을 나타내는 rush hour, commuting hour, commuter rush, peak hour 등으로도 표현할 수 있습니다. 걱정이나 우려를 나타내는 표현에는 I'm afraid, I'm worried, I'm concerned 등이 있습니다.

★ '교통 체증' 관련 표현은 Day 4를 참고하세요.

- Rush hour traffic can be a nightmare.

- I'm (just) worried about the rush hour traffic.

괜찮아. 하던 일 빨리 마무리하고 일찍 출발할게.

- That's okay. I'll finish the job early and leave. Nice try!
  (up) (what I was doing) (early)
- All right. I will leave earlier after [finishing my ongoing work].
  No worries. (early) (once) (I finish up my work)

★ '하던 일'은 the job/task/work로 표현할 수 있지만, 좀 더 캐주얼하게 what I'm doing(내가 하고 있는 일)로 표현하는 것이 자연스럽습니다. '일을 마무리하다'란 표현에는 wrap things up, finish things up, wrap up what I'm doing, finish up what I'm doing 등이 있습니다.

★ '출발하다'는 leave, take off, head out, head over 등으로 나타낼 수 있습니다. '붐비기 전에'를 의미하는 before the rush와 함께 사용하여 '일찍 출발하다'라는 의미를 강조할 수 있습니다.

🎙️ 원어민은 이렇게 말해

- No worries. I'll wrap things up early and head out.

- I'll be fine. I'll quickly finish up my work and head over (before the rush).

172

> 어, 직원들 6시에 다 퇴근하니까 6시 15분쯤 와.

- *Everyone*
  <u>People here</u> get off work at 6. So, you should come around 6:15.
    s

  Almost there!

- Yeah, come around 6:15 because <u>workers</u> <u>are leaving</u> at 6:00.
                                    everyone   *leaves*

★ '직원들'은 모든 직원이란 의미에서 간단히 everyone으로 표현할 수 있습니다. '퇴근하다'란 표현에는 get off work, leave work, finish work, clock out, be gone 등이 있습니다. 시간 앞에는 at(~시에) 또는 by(~시까지)를 쓸 수 있습니다.

★ '6시 15분'은 six-fifteen이나 a quarter past six, '6시 조금 넘어서'는 a little past six, '6시 쯤'은 sixish(= six-ish), around six, '6시 조금 전에'는 a little before six로 표현할 수 있습니다.

🎙️ 원어민은 이렇게 말해

- Cool, <u>everyone</u> gets off at 6, so you could come around 6:15ish.

- Okay, <u>everyone</u>'s usually gone by 6. How about 6:15?

회사 앞에 주차해도 괜찮아?

- Can I park in front of the company(office)?

- Is it OK if I park my car in front of your company(office)?

★ '~ 앞에'는 in front of라고 하고, 여기서 '회사'는 office나 office building으로 표현할 수 있습니다.

'~해도 돼?' 상대방의 허락을 구하는 표현

· Can I ~?, Could I ~?, May I ~?

· Is it okay to ~?, Is it alright to ~?, Is it good to ~?

· Would it be okay if ~?, Would be alright if ~?, Would it be good if ~?

🎤 원어민은 이렇게 말해

- Can I park in front of the office?

- Is it okay to park right in front of your office?

응, 잠깐은 괜찮아. 거의 도착했을 때 문자 주면 바로 나갈게.

- Yeah, it's okay for a moment. I'll get down _{head out} if you text me when you
  almost here. ⌐are

- Yes, it's OK if is short. I will go out right after you text me on
  for a while   that you're close
  arriving.

★ '잠깐'은 for a (short/little) while, for a moment, for a bit, for a few minutes로 표현할 수 있습니다. '문자를 보내다'는 text, send/shoot a text (message)로 표현하거나 '알려 줘'란 의미에서 let me know라고 해도 됩니다.

★ on arriving은 '도착할 때'를 나타내는 캐주얼한 표현이며 upon arriving이나 when you arrive와 같은 의미입니다. 하지만 '거의 도착하다'란 말은 '근처에 오다'란 말이니, 이 문맥에서는 almost here, nearly here, close to arriving, close, nearing 등으로 표현하는 것이 좋습니다.

★ '나갈게'는 head out, go out, be out, leave 등으로 표현할 수 있습니다. get down은 '내려 가다'란 의미이니, 여기서는 회사 밖으로 나가겠다는 표현을 쓰는 것이 어울립니다.

- Yeah, you should be okay for a bit. Just text me when you're close, and I'll be right out.

- Sure, it's okay for a short while. Shoot me a text when you're almost here, and I'll head out as soon as I get your text.

알았어. 근처 가서 연락할게. 이따 봐.

- All right. I'll text you before I arrive. I'll see you soon. *Good job!*

- I got it. I will <u>contact</u> you near your <u>company</u>. See you soon.
  text when I'm   office

★ '근처'란 의미로 nearby, near, close (by), just around the corner 등이 있습니다. '연락하다'는 앞서 다룬 '문자하다'로 표현하거나, 간단하게 let you know라고 해도 됩니다. 하지만 가까운 사이에, 그리고 곧 만날 예정인 상황에서 contact로 표현하는 것은 어색합니다.

- Okay, I'll <u>let you know</u> when I'm nearby. See you in a bit.

- Awesome, I'll <u>text</u> you when I get close. Catch you later.

Step 1 | 한 문장씩 구간 반복해서 들으며 동시에 따라 말해 보세요.
Step 2 | 한 문장씩 듣고 일시 정지한 다음, 그대로 흉내 내어 말해 보세요.

Ⓜ I'll pick you up from your office when you get off work today.

Ⓕ Rush hour traffic can be a nightmare.

Ⓜ No worries. I'll wrap things up early and head out.

Ⓕ Cool, everyone gets off at 6, so you could come around 6:15ish.

Ⓜ Is it okay to park right in front of your office?

Ⓕ Yeah, you should be okay for a bit. Just text me when you're close, and I'll be right out.

Ⓜ Okay, I'll let you know when I'm nearby. See you in a bit.

💬 이 유닛의 처음으로 돌아가서, 한국어 대화문을 보고 영어로 말해 보세요.
틀리지 않고 자연스럽게 말할 수 있을 때까지 반복해 보세요.

DAY 18 약속이 취소됐을 때

다음 대화를 오른쪽 페이지에 영작해 보세요. 우리말을 그대로 영어로 직역하기보다는
원어민이 이 상황에서 쓸 만한 문장으로 만들어 보세요. 사전을 활용해도 괜찮아요.

 오늘 일이 많아서 또 야근할 것 같아. 우리 다음에 보면 안 될까?

 무슨 야근이 그렇게 많아? 지금이 무슨 90년대야?

 나도 요즘 다른 회사로 이직해야 하나 고민 중이야.

 정말 야근하는 거 맞아? 의심스러운데.

 뭐, 내가 바람이라도 피운다는 거야?

 사람 일이란 알 수 없는 거니까.

 정말 야근하는 거 맞거든. 다음에 내가 꼭 이거 만회할게.

오늘 일이 많아서 또 야근할 것 같아.
우리 다음에 보면 안 될까?

✏️ 학습자 영작 예시

- I have a lot of work to do today, so I think I'm going to work late
  again. Can we meet ~~another~~ ⁱon day? *Almost there!*

- Today I have a lot of work, I can't avoid overtime ~~work~~. [~~How do you~~ ᴴᵒʷ ᵃᵇᵒᵘᵗ
  ~~think~~] we defer our appointment? *Let's try again!*

★ '(할) 일이 많다'는 have a lot of work to do, have a lot to catch up on, have a lot
on my plate로 표현하거나, '일 때문에 압도되다'라는 의미의 be swamped with work, be
overwhelmed with work로도 표현할 수 있습니다. '야근하다'란 표현에는 work overtime,
stay late (at work), put in extra hours 등이 있습니다.

'다음에 보면 안 될까?' 의미로 쓸 수 있는 표현

・ ~해도 괜찮아?/~은 어때?
  Would you mind if ~?, If you don't mind, ~?, Can/Could we ~?, Is it okay/alright if ~?,
  Would it be okay if ~?, How about ~?, Maybe ~?
・ 다음에 만나다
  meet/catch up + some other time, another time, next time, on another day('특정한
  날' 앞에는 전치사 on이 꼭 필요!)

★ defer our appointment에서 defer(미루다, 연기하다)는 주로 공식적이거나 업무적인 맥락
에 사용하는 단어로, reschedule로 표현하는 것이 자연스럽습니다. appointment는 회의나 병
원, 미용실 '예약에 쓰는 단어이기 때문에 친구나 연인과의 약속에서는 쓰지 않습니다.

- I have a lot of work to do, so I might end up working late again. <u>If you don't mind</u>, could we meet <u>on</u> another day?

- I'm so swamped with work today. Looks like I'll be working overtime again. <u>How about</u> we meet up some other time?

 무슨 야근이 그렇게 많아? 지금이 무슨 90년대야?

✏️ 학습자 영작 예시

- How come you work late ~~that~~ *so* often? Is it still ~~the~~ 90's now? *Nice try!*

- Why do you work overtime so frequently? Do we live in ~~the~~ 1990's?
  Nice try!

★ 이해가 안 되는 상황에 대해 물을 때는 What's (up) with ~?, How come ~?, Why ~?로 표현할 수 있습니다. 90's/1990's는 '90년대의/1990년대의'라는 의미로, 주로 그 연대를 대표하는 음악, 패션 등을 나타낼 때 90's music, 90's fashion과 같이 사용합니다. '90년대/1990년대'는 the 90s 또는 the 1990s로 표현합니다.

- What's with all the overtime? It's not <u>the 90s</u> anymore!

- Why (are you working) so much overtime? We're not in <u>the 1990s</u> now.

나도 요즘 다른 회사로 이직해야 하나 고민 중이야.

about
- I know. I'm thinking of changing jobs lately. *Almost there!*

- I am [thinking now I should move] to other company. *Let's try again!*
  considering moving   *another*

★ '나도'는 '내 말이'라는 의미로, 캐주얼하게 Tell me about it. 또는 I know.와 같이 표현할 수 있습니다.

★ '이직하다'란 표현으로는 change jobs, switch jobs, move to another company, move to a new job, take a new job 등이 있습니다. '고민 중이다'는 be considering, be thinking about으로 표현할 수 있습니다.

★ '다른 회사'로 이직할 때는 한 번에 여러 회사를 다니는 것이 아니라 한 회사로 이직하는 것이니까 other company(s)가 아닌 another company로 표현해야 합니다.

- Tell me about it. I've been considering changing jobs (to another company) lately.

- I'm thinking about moving to another company these days.

정말 야근하는 거 맞아? 의심스러운데.

- Are you really working late? I'm suspicious. *Let's try again!*
  (a bit) skeptical
- Do you really work overtime? Right? I am <u>suspicious</u>. *Let's try again!*

★ suspicious는 주로 강한 의심이나 불신을 나타내는 단어라 다소 공격적인 뉘앙스를 줍니다. 좀 더 가볍고 캐주얼하게 skeptical과 a bit(조금)를 함께 사용하여 중립적으로 표현할 수 있습니다. 상대방의 말에 믿음이 가지 않을 때는 '~할 수 있을지 모르겠어'란 의미의 I don't know if ~, I'm not sure if ~를 써서 말하거나, '못 믿겠는데'라는 의미의 I don't buy it. 또는 I don't believe you.로 표현할 수 있습니다.

🎙️ 원어민은 이렇게 말해

- Are you really working overtime/late? <u>I don't know if I believe you.</u>

- Are you really staying late? <u>I'm not sure if I buy it.</u>

뭐, 내가 바람이라도 피운다는 거야?

- Do you think I'm two-timing you or something? *Good job!*

- What, do you think I have an affair? *Almost there!*
  am having

'바람을 피우다'를 의미하는 표현

- cheat [on someone], have an affair [with someone], see [someone] on the side,
  fool around
- be + two-faced, unfaithful, dishonest [to someone]
- be two-timing [someone]

★ 현재 일어나고 있을 가능성이 있는 일을 말할 때는 현재진행형을 쓰는 것이 자연스럽습니다.

- So, you think I'm cheating on you or something?

- What? Are you saying that I'm being two-faced?

사람 일이란 알 수 없는 거니까.

- We never~~really~~ know about people. *Almost there!*

- Nobody knows~~other~~ people's affair. *Let's try again!*
  about   s

'사람 일이란 알 수 없는 거니까'와 비슷한 의미의 표현

· You never know what life will bring. 인생은 어떻게 흘러갈지 알 수 없어.

· You never know what life will throw at you. 인생은 어떤 일이 닥칠지 모르는 거야.

· Life is full of surprises. 인생은 알다가도 모르는 거야.

· That's just how life is. 사람 일이란 알 수 없는 거니까.

· That's life. 인생이란 그런 거지.

· That's the way things go. 세상일이 그런 거야.

· That's the way it is. 세상은 그런 거야.

· That's how things go. 삶이란 그런 거지.

- You never know what life will bring.

- Life is full of surprises.

정말 야근하는 거 맞거든. 다음에 내가 꼭 이거 만회할게.

- I'm telling you; I'm really working late. I'll make it up ~~for~~ *to* you next time. *Almost there!*

- I really do work overtime. I will make up for this next time. *Good job!*

★ '정말 ~하다'는 I'm really/I really am + [현재진행형]으로 현재의 상황을 강조할 수 있습니다. 또한 '진짜라니까'라는 의미의 I'm telling you, I'm telling the truth, I'm serious, I'm not kidding, I swear, I'm not making it up, believe me 등을 사용하여 자신의 말이 사실임을 더 강하게 어필할 수 있습니다.

★ '만회하다'는 Day 4에서 다룬 것 같이 make up for it 또는 make it up to you로 표현할 수 있습니다.

🎙️ 원어민은 이렇게 말해

- I'm serious. I really am working late. I'll definitely make it up <u>to</u> you next time.

- I swear I'm really working overtime, but I'll make up for it next time.

M I'm so swamped with work today. Looks like I'll be working overtime again. How about we meet up some other time?

F What's with all the overtime? It's not the 90s anymore!

M Tell me about it. I've been considering changing jobs lately.

F Are you really staying late? I'm not sure if I buy it.

M So, you think I'm cheating on you or something?

F Life is full of surprises.

M I'm serious. I really am working late. I'll definitely make it up to you next time.

💬 이 유닛의 처음으로 돌아가서, 한국어 대화문을 보고 영어로 말해 보세요.
틀리지 않고 자연스럽게 말할 수 있을 때까지 반복해 보세요.

다음 대화를 오른쪽 페이지에 영작해 보세요. 우리말을 그대로 영어로 직역하기보다는 원어민이 이 상황에서 쓸 만한 문장으로 만들어 보세요. 사전을 활용해도 괜찮아요.

요즘 제주도 핫하더라.
인스타에 올라오는 사진들 보면 자꾸 여행 가고 싶어져.

그치? 나도 날씨 좋을 때 가 보고 싶었는데.
돌담길에서 인생 샷도 건지고.

실은 나 제주도 한 번도 못 가 봤는데. 같이 가서 올레길도 걷고,
맛있는 것도 먹지 않을래?

근데 제주도는 자고 와야 되지 않아? 무슨 꿍꿍이인지 알 것 같은데?

아니야, 난 순수하게 제주도를 여행하고 싶을 뿐이야.

부모님이 허락하지 않을 거야. 남자랑 단둘이 간다고 하면.

여럿이 간다고 하거나, 동성 친구랑 간다고 둘러대면 되지.

📝 영작하기

📖 원어민 첨삭 확인하기

 요즘 제주도 핫하더라. 인스타에 올라오는 사진들 보면
자꾸 여행 가고 싶어져.

✏️ 학습자 영작 예시

- Jeju island seems popular lately. I get ~~to want~~ *the urge* to go there every time
  I see pictures on Instagram. *Let's try again!*
- Nowadays Jeju island is hot. Whenever I see photos posted ~~in~~ *on*
  Instagram, I feel like beginning my journey. *Let's try again!*

★ '핫하다'는 '인기 있는, 유행인'이란 의미의 hot, popular, trendy로 표현하기도 하고, a hot spot, the place to be, a must-visit 등과 같이 명사로 표현할 수 있습니다.

★ '올라오는 사진들을 보다'는 '스크롤하여 보다'라는 의미의 scroll through나 '우연히 발견하다'라는 come across로 표현할 수 있습니다.

★ '~하고 싶다'는 want to ~, feel like to ~, be itching to ~, be wanting to ~ 등으로 표현할 수 있습니다. 하지만 get to want to는 어색한 표현으로, urge(욕구/충동)를 사용하여 get the urge to ~와 같이 표현하는 것이 자연스럽습니다.

★ '여행을 가다'는 go on a trip, take a trip, travel 등으로 표현할 수 있습니다. journey는 긴 여행이나 내면을 찾아가는 여정을 뜻하는 단어로, 일반적인 여행을 뜻하는 상황에는 어울리지 않습니다.

🎙️ 원어민은 이렇게 말해

- Jeju Island seems like the place to be these days. Every time I scroll through Instagram, I get this strong urge to travel.
- Lately, Jeju Island seems pretty popular. Whenever I come across Instagram posts, I'm itching to go there.

그치? 나도 날씨 좋을 때 가보고 싶었는데.
돌담길에서 인생 샷도 건지고.

✏️ 학습자 영작 예시

- I know. I wanted ~~go~~ *to* go to <u>Jeju island</u> when the weather ~~is~~ *was* good and take nice pictures ~~at~~ *on* the stone wall <u>trail</u>. *path* *Let's try again!*
- Do you? I wanted to go there when the weather was fine. [Picking up the life shots] on the stone wall <u>trail</u>. *path* *Let's try again!*

★ '제주도'는 지명을 나타내는 고유 명사로, Jeju Island처럼 각 단어의 첫 글자를 대문자로 표기합니다.

★ '[날씨]가 좋다'는 nice, sunny, pleasant, beautiful, perfect, fabulous 등으로 표현할 수 있습니다.

★ trail은 산책이나 등산을 할 수 있는 경로를 가리키며, '돌담길'은 stone wall path, '돌담'은 stone walls로 표현할 수 있습니다. '인생 샷을 건지다'는 동사 take, get, snap과 a great picture/photo/shot을 함께 사용하여 표현할 수 있습니다. 하지만 pick up life shots는 어색한 직역으로, capture a perfect moment로 표현하는 것이 자연스럽습니다.

🎙️ 원어민은 이렇게 말해

- I know, right? I've been wanting to go when the weather's just right. I really want to get a great shot along the stone wall <u>path</u>.
- Totally, I was really hoping for nice weather to go there and <u>capture that perfect moment</u> along the stone walls.

> 실은 나 제주도 한 번도 못 가 봤는데. 같이 가서 올레길도 걷고, 맛있는 것도 먹지 않을래?

- Actually, I've never been to Jeju. Would you like to walk Olle trail
  the Olle Trail
  and eat something delicious together? *Almost there!*

- Actually, I haven't been to Jeju island. [Why don't you go with me?]
  ⌐can
  We walk on Olle trail, and eat something yummy. *Let's try again!*
  along the Olle Trail   grab

★ 상대방에게 자연스럽게 제안할 때는 Day 16에서 다룬 Would you like to ~?, I was wondering if you'd like to ~?, What do you think about ~?, Would you be interested in ~?, Why don't we ~?, How about ~?, Let's ~ 등으로 표현할 수 있습니다. 또한, 함께 무엇을 하자고 권할 때는 Why don't we ~?로 말하는 것이 자연스럽습니다.

★ '올레길'은 특정한 장소를 나타내는 고유 명사로 Olle Trail로 표기할 수 있습니다. '~를 걷는다' 는 walk/stroll [경로 이름], walk/stroll along [경로 이름]으로 표현할 수 있지만, walk on은 주로 평지를 걷는다고 할 때 쓰는 표현으로, 산책로를 걷거나 하이킹할 때는 적합하지 않습니다.

- You know, I've actually never been to Jeju Island. What do you think about going together, stroll along the Olle Trail, and getting some delicious food?

- You know what? I've never been to Jeju Island before. How about we go together, walk the Olle Trail, and grab something yummy to eat?

근데 제주도는 자고 와야 되지 않아? 무슨 꿍꿍이인지 알 것 같은데?

- But we have to <u>sleep over</u> if we go there, right? I know what you're up to. *Nice try!*
- But <u>Jeju island</u> is far enough to [stay over at least one night.] I know what you are <u>conceiving</u>. *Let's try again!*

★ sleep over는 친구나 친척 등 지인의 집에서 자고 오는 것을 의미하기 때문에 이 문맥에는 어울리지 않습니다. spend the night이나 stay overnight이 호텔, 캠핑장, 친구 집 등 자신의 집이 아닌 다른 곳에서 '자고 오다'라고 할 때 쓰는 표현으로 이 상황에 적합합니다. spend the night은 어떤 장소에서 잠을 자는지에 초점을 둔 표현이고 stay overnight는 자신의 집이 아닌 곳에서 길게 머물렀음을 강조하는 표현입니다.

★ 상대방의 의도를 짐작하거나 추측할 때는 I have a feeling, I think I know/see/get, I can see, I have a hunch(뭔가 느낌이 와) 등으로 나타낼 수 있습니다.

★ '꿍꿍이가 있다'는 up to something, thinking, trying to do 등으로 표현할 수 있습니다. 하지만 conceive는 '아이디어나 계획을 구상하다'란 뜻이므로 이 문맥에는 어울리지 않습니다.

- But don't we have to <u>spend the night</u> in Jeju? I think I know what you're up to.
- But we need to <u>stay overnight</u> in Jeju, right? I have a feeling you're up to something.

아니야, 난 순수하게 제주도를 여행하고 싶을 뿐이야.

• No, I just want to ~~travel~~ *explore* Jeju island. That's it. *Nice try!*

• No, I just want to travel to Jeju island. *Almost there!*

★ 어느 장소로 여행을 가는 것은 travel to [장소], go to [장소], visit [장소], make/take a trip to [장소] 등으로 표현합니다. 어떤 장소를 여행하며 즐기는 것에 초점을 둘 때는 explore 또는 experience를 써서 말할 수 있습니다. 여기서 '순수하게'는 '그 자체를 위해'를 의미하는 for its own sake, for what it is 또는 genuinely(진정으로), purely(순전히)를 써서 제주도 자체를 경험하고 즐기기 위한 것임을 강조할 수 있습니다.

🎙️ 원어민은 이렇게 말해

• No, I just want to explore Jeju Island for what it is.

• No way, I genuinely just want to travel and explore Jeju Island.

부모님이 허락하지 않을 거야. 남자랑 단둘이 간다고 하면.

- My parents won't let me go if I say I'm going there with a guy.

  Good job!

- My parents won't allow it if I tell them to travel alone with a man.

  (it 아래: me) (tell them to 아래: ?)

  Let's try again!

★ '허락하다'란 표현에는 approve, allow, agree, let, give (me) permission 등이 있습니다. '반대하다'라고 할 때는 앞에 not이나 never를 넣어서 부정형으로 말하면 됩니다.

★ '남자랑 단둘이 가다'는 go (on a trip) alone with a man/guy 또는 go (on a trip) with a man/guy alone, travel alone with a man/guy와 같이 표현할 수 있습니다.

★ 여기서 tell them to ~는 '(부모님)에게 ~하라고 말하다'란 의미로 잘못된 영작이고, '(내가 무엇을 하겠다)고 말하다'는 say, mention, tell (them) [주어 + 동사]로 표현합니다.

- I don't think my parents will let me go, especially if I mention I'm going alone with a guy.

- My parents would never approve if I said I'm going on a trip with a guy.

195

여럿이 간다고 하거나, 동성 친구랑 간다고 둘러대면 되지.

- You can tell them you're going with ⌒ᵃbunch of people or ⌒ᵃfemale friend.
  Almost there!

- You could <u>tell them to</u> travel altogether with several friends or <u>make up being</u> with a same-sex friend. *Let's try again!*

★ '여럿이 가다'는 go with a group of friends, go with a bunch of people, go as a group, go in a group 등으로 표현할 수 있습니다. 이 문맥에서 '동성 친구'는 여자이므로 간단히 a female friend이라고 할 수도 있고, a friend of the same gender, a same-sex friend로 표현할 수 있습니다.

★ '둘러대다'는 could just say, should just say와 같이 표현하거나, 상대방을 위해 나쁜 의도가 없는 white lie(선의의 거짓말)와 함께 사용하여 tell a white lie로 표현할 수도 있습니다. 또한 '강조하다'라는 의미의 emphasize, highlight와 함께 표현할 수도 있습니다.

🎙️ 원어민은 이렇게 말해

- You <u>should just say</u> you're going as a group or <u>highlight</u> that you're going with a female friend.

- (You could) <u>Tell a white lie</u> that you're going with a group, or a friend of the same gender (to get their approval).

Step 1 | 한 문장씩 구간 반복해서 들으며 동시에 따라 말해 보세요.
Step 2 | 한 문장씩 듣고 일시 정지한 다음, 그대로 흉내 내어 말해 보세요.

M Jeju Island seems like the place to be these days. Every time I scroll through Instagram, I get this strong urge to travel.

F Totally, I was really hoping for nice weather to go there and capture that perfect moment along the stone walls.

M You know what? I've never been to Jeju Island before. How about we go together, walk the Olle Trail, and grab something yummy to eat?

F But don't we have to spend the night in Jeju? I think I know what you're up to.

M No, I just want to explore Jeju Island for what it is.

F I don't think my parents will let me go, especially if I mention I'm going alone with a guy.

M You should just say you're going as a group or highlight that you're going with a female friend.

💬 이 유닛의 처음으로 돌아가서, 한국어 대화문을 보고 영어로 말해 보세요.
틀리지 않고 자연스럽게 말할 수 있을 때까지 반복해 보세요.

달라진 거 없어?

다음 대화를 오른쪽 페이지에 영작해 보세요. 우리말을 그대로 영어로 직역하기보다는 원어민이 이 상황에서 쓸 만한 문장으로 만들어 보세요. 사전을 활용해도 괜찮아요.

 오빠, 나 오늘 뭐 달라진 거 없어?

 넌 매일 달라지지. 오늘도 예쁘네.

 얼렁뚱땅 넘어가지 말고. 자세히 좀 봐 봐!

 모르긴, 원피스 새로 산 거구나.

 이거 지난달에도 입고 나온 건데?
나한테 요즘 너무 무심한 거 아냐?

 무심하긴, 넌 너무 예뻐서 다른 건 보이지도 않아.

 헐! 오빠는 어쩜 갈수록 느끼해지고 아재 개그만 늘어.

📝 영작하기

오빠, 나 오늘 뭐 달라진 거 없어?

🖊 학습자 영작 예시

- Honey, don't I look different today? *Good job!*
- Hey, don't you see <u>something</u> new <u>in</u> me today? *Nice try!*
  anything   *about*

★ '달라진 걸 알아보다'는 see any changes/difference, notice any changes/difference, look different, seem different 등으로 표현할 수 있습니다. something new in me(내 안의 새로운 무언가)는 외적인 변화를 표현하기에 어색하고, something/anything new about me, something/anything different about me와 같이 표현할 수 있습니다.

★ '연인을 부르는 애칭'으로는 honey, baby, babe, darling, sweetheart, sweetie, love 등이 있습니다.

🎤 원어민은 이렇게 말해

- Hey honey, do you notice any changes <u>about</u> me today?

- Honey, can you see anything different <u>about</u> me today?

넌 매일 달라지지. 오늘도 예쁘네.

- You're different every day. You look pretty as usual. *Good job!*

- You are <u>getting new</u> <u>everyday</u>. You look pretty today. *Let's try again!*

　　　?　　　*every day*

★ '매일 달라진다'는 be different every day, be always changing으로 표현할 수 있습니다. new는 주로 물건이나 사람의 상태를 나타내는데, 물건을 사용하거나 사람이 경험을 쌓으면 다시 새것이나 신입으로 되돌아갈 수가 없죠. 따라서 '새로워지다'란 의미로 getting new를 쓰진 않습니다. 좀 더 장난스럽게 쓸 수 있는 표현으로는 You always find ways to keep me on my toes.(항상 나를 긴장하고 흥분하게 만든다), You always keep me guessing.(항상 나를 예측할 수 없게 해.) 또는 '넌 항상 나를 놀라게 해'라는 의미의 You always find new ways to amaze/surprise me. 등이 있습니다.

★ as usual은 오늘도 평소와 같은 상태, as always는 항상 변함없는 상태를 의미합니다. 따라서 as always를 써서 칭찬하면 오늘 뿐만 아니라 항상 예쁘다는 말이 되어 칭찬이 배가 됩니다. '예쁜' 이란 의미의 형용사로는 pretty, cute, beautiful, gorgeous, lovely, stunning, charming, attractive, elegant 등이 있습니다.

- Wow, you always find ways to keep me on my toes. You look lovely as always.

- You're <u>always changing</u>. You look stunning today, too.

얼렁뚱땅 넘어가지 말고. 자세히 좀 봐 봐!

- You didn't answer my question. Take a good look. *Good job!*
- Don't think you can just get away with it; look at me closely! *Good job!*

★ '얼렁뚱땅 넘어가다'는 '빠져나가다'라는 의미로 get away with it 또는 didn't answer my question으로 표현할 수 있습니다. brush over(대충 넘기다, 얼버무리다)와 brush (it) off(무시하다)로도 표현할 수 있습니다.

★ '자세히 보다', '잘 좀 보다'는 take/have a closer look (at me), take a good look (at me), look (at me) closely 등으로 표현합니다.

원어민은 이렇게 말해

- Don't brush over it. Take a good look!

- Don't just brush it off. Look at me closely!

모르긴, 원피스 새로 산 거구나.

- You bought a new dress, right? *Good job!*

- I know. You bought a new dress. *Good job!*

★ '모르긴'은 '당연히 알지'라는 장난스러운 뉘앙스로 (Of course) I know로 표현하기도 하고, 확신이 없을 때 나의 생각이나 추측을 나타내는 I think나 I'm guessing과 함께 표현할 수 있습니다.

- I know, I'm guessing you got a new dress, right?

- Of course I know. You did buy a new dress, didn't you?

이거 지난달에도 입고 나온 건데?
나한테 요즘 너무 무심한 거 아냐?

- I wore this last month when I met you. You don't care about me lately, do you? *Good job!*

- I put on this clothes last month? You are too inattentive, aren't you?
     wore   outfit

★ '(옷을) 입다'란 의미로 wear는 '옷을 입은 상태'를 나타내는 반면, put on은 '입는 동작'을 나타 냅니다. 따라서 이 맥락에는 wear로 표현하는 것이 맞습니다.

★ clothes는 옷을 총칭하는 단어이기 때문에 dress, shirt, pants와 같이 구체적으로 표현하거나, '옷차림'을 의미하는 단어 outfit을 사용하는 것이 좋습니다.

★ '너무 무심하다'는 don't care (about), be careless (with), be indifferent (to), be inattentive (to)로 표현하기도 하고, '관심을 갖다'라는 의미의 pay attention (to)를 부정문으로 표현할 수 있습니다. 이 표현들을 '~한 것 같다'는 의미의 You seem과 It feels/seems like와 함께 사용하여 서운한 감정을 자연스럽게 나타낼 수 있습니다.

- I wore this last month, remember? You don't seem to care about me much these days.

- This is the same dress I wore last month. It feels like you haven't been paying attention to me lately.

204

무심하긴, 넌 너무 예뻐서 다른 건 보이지도 않아.

- No, you're so beautiful that I can't see anything but you. *Great job!*

- No, I am not. You are so pretty that I can't see [other things than you.]
  anything but you
  Let's try again!

★ '~해서 ~하다'는 '[원인] that [결과]' 또는 '[결과] because [원인]'으로 표현할 수 있습니다.

★ '다른 것'은 간단히 anything else로 표현할 수 있습니다. other things than you는 잘못된 영작으로, '~ 외에'라는 의미의 but이나 other than을 사용하여 anything (else) but you, anything (else) other than you로 표현해야 맞습니다. '~로 정신이 산만해지다'라는 의미의 be distracted by를 사용하여 '너무 예뻐서 정신이 산만해진다'라고 표현할 수도 있습니다.

- I do care about you. I can't see <u>anything else</u> (but you) because you're too pretty.

- That's not true. I'm so distracted by how beautiful you are that I don't even see <u>anything else</u> (other than you).

헐! 오빠는 어쩜 갈수록 느끼해지고 아재 개그만 늘어.

✏️ 학습자 영작 예시

- You're getting cheesy and <u>do</u> more dad jokes. *Almost there!*
  (위에) telling

- Hm, you are getting <u>greasy</u> and <u>improving</u> dad jokes. *Let's try again!*
  (아래) cheesy   ?

★ '갈수록'은 'get [형용사]' 또는 'get [비교급]'으로 표현합니다. greasy는 음식이 기름기가 많거나 느끼하다고 할 때 쓰고, 사람이 느끼하다고 할 때는 cheesy(닭살 돋는), corny(촌스러운, 유치한) 등을 써서 말합니다.

★ '아재 개그'란 의미로는 '어설픈 농담'이란 뜻의 dad joke가 있습니다. improve는 '개선하다, 나아지다'란 의미로, 개그가 늘어가는 것을 표현하기엔 어울리지 않고 '과도해지다, 감당할 수 없게 되다'란 의미의 get out of hand나 '크게 증가하다, 곱해지다'라는 의미의 multiply와 함께 표현할 수 있습니다.

🎤 원어민은 이렇게 말해

- Whatever! You're getting cheesy and <u>telling</u> more dad jokes.

- Wow! You are getting cheesier, and your dad jokes are <u>getting out of hand</u>.

Step 1 | 한 문장씩 구간 반복해서 들으며 동시에 따라 말해 보세요.
Step 2 | 한 문장씩 듣고 일시 정지한 다음, 그대로 흉내 내어 말해 보세요.

Ⓕ Hey honey, do you notice any changes about me today?

Ⓜ Wow, you always find ways to keep me on my toes. You look lovely as always.

Ⓕ Don't brush over it. Take a good look!

Ⓜ I know, I'm guessing you got a new dress, right?

Ⓕ I wore this last month, remember? You don't seem to care about me much these days.

Ⓜ That's not true. I'm so distracted by how beautiful you are that I don't even see anything else.

Ⓕ Wow! You are getting cheesier, and your dad jokes are getting out of hand.

💬 이 유닛의 처음으로 돌아가서, 한국어 대화문을 보고 영어로 말해 보세요.
틀리지 않고 자연스럽게 말할 수 있을 때까지 반복해 보세요.

DAY
21 소개 좀 시켜 줘

다음 대화를 오른쪽 페이지에 영작해 보세요. 우리말을 그대로 영어로 직역하기보다는
원어민이 이 상황에서 쓸 만한 문장으로 만들어 보세요. 사전을 활용해도 괜찮아요.

 너희 회사에 여직원 많지 않아?

 어, 여행사라 남녀 반반 정도 되지.

 그럼 소개 좀 해 주라. 나이 들수록 만날 기회가 점점 없네.

 그러게 있을 때 잘하지 그랬어. 어떤 사람이 좋은데?

 이제 따지는 거 없어. 착하고 밝은 사람이면 돼.

 외모는 안 봐? 괜찮은 사람은 모두 임자가 있어서 말이지.

 그냥 보통이면 돼. 잘 되면 내가 크게 한턱 쏠게.

 그래? 한번 물어볼게.

📝 영작하기

너희 회사에 여직원 많지 않아?

✏️ 학습자 영작 예시

- Isn't there lots of women in your company?
  at work

- Doesn't your company have many lady workers, does it?
  female coworkers

★ There is나 Isn't there은 무언가의 존재 여부를 얘기할 때 쓰는 표현으로 이런 질문에는 어색합니다. 상대방의 회사에 무엇이 있는지 물을 때는 회사가 아닌, 회사에 대해 잘 알고 있는 '상대'를 주어로 해서 Don't you ~?나 Do you ~?로 묻는 것이 자연스럽습니다.

★ 전치사 in은 건물이나 공간 '안에'를 나타내고, at은 특정한 장소나 위치를 나타내는 '~에'를 의미합니다. 따라서 in your company는 '너의 회사 안에'라는 의미가 되기 때문에 이 맥락에서는 '너의 회사에'라는 의미의 at your company, at work와 같이 표현하는 것이 자연스럽습니다.

★ '여직원'은 female employees로 표현하지만, 상대방이 회사 대표가 아니고 직원이라면, 상대방의 시각에 초점을 맞추어 female coworkers, female colleagues와 같이 '여자 동료'로 표현하는 것이 적절합니다.

🎙️ 원어민은 이렇게 말해

- So, you've got quite a few female coworkers, huh?

- Do you work with a lot of women?

어, 여행사라 남녀 반반 정도 되지.

- Yes, it is ⌢ᵃtravel agency. <u>So</u>, so men and women are 50:50. *Let's try again!*
- Yeah. It is a travel agency, and [a half of its workers might be women, the other half men].

★ '~라서'는 '~을 고려하면'을 의미하는 considering (that), given (that) 또는 since, because (때문에)로 표현할 수 있습니다.

★ '반반'이란 표현에는 50-50(fifty-fifty), half and half, equal, even, balanced 등이 있으며, '분할'이란 의미의 단어 split을 함께 써서 표현할 수도 있습니다. gender(성별)나 gender balance(성별 균형)와 함께 사용하면 더 구체적인 의미를 전달할 수 있지만, 대화 주제에 대한 이해가 있다면 생략할 수 있습니다.

- Yeah, the gender balance is pretty even, like a 50-50 split, since it's a travel agency.
- Yeah, I'd say it's about half men and half women, considering it's a travel agency.

그럼 소개 좀 해 주라. 나이 들수록 만날 기회가 점점 없네.

- Set me up with someone. There are not many chances to meet ~~a girl~~ *someone*

  ~~as I'm getting older.~~ *Nice try!*
  I get older
- ~~And then let me meet a girl.~~ As I am ~~getting older~~ *get older*, the chances are
  Then, can you introduce me to
  ~~getting down~~ to meet ~~one~~. *Keep practicing!*
  dwindling   *someone*

★ '연애 상대를 연결해 주다'란 표현에는 set up, fix up, hook up 등이 있습니다. set up과 fix up은 좀 더 '계획적'인 만남을 주선하는 뉘앙스이지만, hook up은 '비계획적'이며 즉석 만남을 주선하는 뉘앙스도 가지고 있습니다. 좀 더 일반적으로 표현하고 싶을 때는 introduce(소개하다)를 사용할 수 있습니다.

★ 부탁을 할 때는 could/can you를 써서 부드럽게 표현할 수 있지만 let me는 '내가 하겠다'는 의미로, 상대방에게 부탁하는 것이 아닌 자신의 의사를 표현하는 것이므로 이 맥락에서는 어색합니다.

★ Day 9에서 다룬 것처럼 '나이가 들수록'은 as I get older처럼 '현재 시제로 말합니다. 또한 '~할수록 ~할 기회가 없다'는 의미의 영작 chances are getting down에서 get down은 '내리다'라는 의미이기 때문에 '(점차) 줄어들다'를 뜻하는 dwindle로 표현하는 게 좋습니다. '점점 어려워진다'는 의미인 become a real challenge, get harder and harder로 표현할 수도 있습니다.

- Awesome, can you set me up with someone? Meeting new people is becoming a real challenge.

- Then, could you introduce me to someone? My chances of meeting new people are dwindling as I get older.

그러게 있을 때 잘하지 그랬어. 어떤 사람이 좋은데?

- You should've done better when you had a girlfriend. What kind of a girl do you like? *Almost there!*

- I understand. You should've done ~~good~~ better when you had someone. What type do you like? *Almost there!*

★ '있을 때'는 과거의 '기회'를 의미하므로 the chance로 표현할 수 있습니다. 그리고 '잘하다'는 '일을 제대로 하다'란 의미의 관용구 play one's cards right를 사용하여 표현할 수도 있습니다.

이성에 관한 취향을 묻는 표현

· What qualities do you look for in a woman?
· What kind/type of woman are you attracted to?
· What kind/type of woman are you looking for?
· What kind/type of woman are you into?
· What kind/type of woman are you interested in?
· What do you find attractive in a woman?
· What's your type?

★ Day 11에 나왔던 것처럼, 과거에 하지 못한 일에 대한 아쉬움은 should've have p.p. 형태로 말합니다.

- You should've done better when you had the chance. So, what qualities do you look for in a woman?

- You should've played your cards right when you were with someone. Anyway, what kind of woman are you into?

이제 따지는 거 없어. 착하고 밝은 사람이면 돼.

- I'm not picky now. ~~Just~~ good and bright girl will do. *Almost there!*
  ^Any
- I don't ~~care anything if~~ she has nice and bright personality. *Let's try again!*
  mind as long as ^a

★ I don't care와 I don't mind는 둘 다 '괜찮아, 상관없어'라는 의미지만, I don't care은 무관심하고 부정적인 뉘앙스이고, I don't mind는 특별한 거부감 없이 괜찮은, 좀 더 호의적인 뉘앙스의 표현입니다. 따라서 I don't mind와 as long as(~하는 한)를 함께 사용하여 자연스럽게 표현할 수 있습니다. 또한 '따지는 거 없다'란 말은 '까다롭지 않다'란 의미니까 not picky, not particular, easygoing으로 표현할 수 있습니다.

'긍정적인 성격'을 나타내는 형용사

kind/nice 착한, easygoing 편안한, chill 쿨한, outgoing 외향적인, caring 배려심이 있는, cheerful 밝은, confident 자신감 있는, fun 재미있는, independent 독립적인, patient 인내심이 있는, sociable 사교적인, positive/optimistic 긍정적인, upbeat 유쾌한, down-to-earth 현실적인, laid-back 느긋한, open-minded 마음이 넓은/개방적인, good-natured 선량한

🎤 원어민은 이렇게 말해

- Honestly, I'm not picky anymore. I just want someone who is kind and outgoing.
- I'm pretty easygoing at this point. Just someone positive and fun.

외모는 안 봐? 괜찮은 사람은 모두 임자가 있어서 말이지.

- You don't care about <u>appearance</u>? Most pretty girls are taken.
  looks

- What about looks? I'm afraid <u>every</u> good-looking <u>girl is</u> already
  all the　　　　　　　　　　　　　　　*girls are*
  <u>occupied by someone</u>.
  in relationships

★ appearance는 얼굴, 머리, 패션, 분위기 등 겉으로 보여지는 전체적인 모습을 의미하며, looks는 얼굴이나 신체적인 생김새, 미모 등을 의미하므로, 이 문맥에는 looks가 어울립니다.

★ '(이미) 사귀는 사람이 있다'란 표현에는 be (already) in relationships, be taken이 있고, 좀 더 재밌는 표현으로는 be off the market(품절인)도 있습니다. 하지만 be occupied by는 '~에 의해 점유되다, 차지되다'라는 의미로 이 상황에는 맞지 않습니다.

★ 유감이나 안타까움을 담아 말할 때는 I'm afraid ~, Unfortunately ~, It's a pity ~, It's a shame ~ 등을 써서 말할 수 있습니다.

- <u>Looks</u> don't matter to you? Well, all the good-looking ones <u>are</u> already <u>taken</u>.

- What about <u>looks</u>? It's a pity most pretty girls are already <u>in</u> <u>relationships</u>.

그냥 보통이면 돼. 잘 되면 내가 크게 한턱 쏠게.

- Just ~~an~~ average is fine. If this goes well *(things go well)*, I'll buy you [whatever you want to eat] *(a big dinner)*. *Let's try again!*

- I'm fine if she is just average. I am willing to *(will)* [treat big to you] if it goes well. *Let's try again!*

★ 보통 수준의 평범한 외모는 average look(명사), average-looking(형용사)이라고 합니다.

★ '잘 되다'란 표현에는 things go well/smoothly, everything goes well/smoothly, things click, things work out 등이 있습니다. '크게 한턱 쏘다'는 '~에게 식사를 대접하다'라는 의미로 treat [사람] to [식사], take [사람] out for [식사], buy [사람] a big dinner와 같이 표현할 수 있습니다.

★ be willing to는 '~할 의향이 있다'라는 뜻이지만, 여기서는 단순히 I will을 사용해서 '내가 한턱 쏠게'라고 간결하고 확실한 의지를 나타내는 것이 좋습니다.

- Just an average look is fine. If things work out, I'll buy you a big steak dinner.

- I'm cool with an average look. If everything goes well, I'll treat you to a big dinner.

216

그래? 한번 물어볼게.

- Really? Let me <u>ask some girls</u>. *Almost there!*
  check with
- <u>Is it so?</u> I will ask <u>once</u>. *Keep practicing!*
  Is that right?   *around*

★ '한번 물어볼게'라는 표현은 실제로 한 번만 물어보는 게 아니기 때문에 '여기저기 물어보다'란 의미의 ask around나 '~에게 알아보다'라는 의미의 check with로 표현할 수 있습니다. 좀 더 캐주얼하게 I'll see what I can do.(내가 한번 알아볼게.) 또는 I'll keep an eye out.(관심을 가지고 살펴볼게.)를 써서 말할 수도 있습니다.

🎤 원어민은 이렇게 말해

- Oh, really? I'll see what I can do.

- Oh yeah? I'll ask <u>around</u>.

Step 1 | 한 문장씩 구간 반복해서 들으며 동시에 따라 말해 보세요.
Step 2 | 한 문장씩 듣고 일시 정지한 다음, 그대로 흉내 내어 말해 보세요.

M So, you've got quite a few female coworkers, huh?

F Yeah, the gender balance is pretty even, like a 50-50 split, since it's a travel agency.

M Then, could you introduce me to someone? My chances of meeting new people are dwindling as I get older.

F You should've done better when you had the chance. So, what qualities do you look for in a woman?

M Honestly, I'm not picky anymore. I just want someone who is kind and outgoing.

F Looks don't matter to you? Well, all the good-looking ones are already taken.

M Just an average look is fine. If things work out, I'll buy you a big steak dinner.

F Oh yeah? I'll ask around.

💬 이 유닛의 처음으로 돌아가서, 한국어 대화문을 보고 영어로 말해 보세요.
틀리지 않고 자연스럽게 말할 수 있을 때까지 반복해 보세요.

Chapter 4
직장, 학교

다음 대화를 오른쪽 페이지에 영작해 보세요. 우리말을 그대로 영어로 직역하기보다는 원어민이 이 상황에서 쓸 만한 문장으로 만들어 보세요. 사전을 활용해도 괜찮아요.

 여보세요. 영업부 그레이스입니다.

 여보세요. 박서준 부장님 계신가요?

 잠시만요. 지금 자리에 안 계신데요. 아마 회의 들어가신 것 같아요.

 회의가 언제쯤 끝나는지 알 수 있을까요?

 점심시간 전에는 끝날 것 같은데요.
성함 남겨 주시면 전화드리라고 전달하겠습니다.

 저는 마크라고 합니다. 1시간쯤 후에 다시 한번 전화드릴게요.

📑 영작하기

여보세요. 영업부 그레이스입니다.

✏️ 학습자 영작 예시

- Hello. This is Grace ~~marketing~~ department. *Let's try again!*
  (from)
- Hello. This is Grace ~~in~~ Marketing team. *Let's try again!*
  (from)

★ '영업부'는 제품이나 서비스 판매를 담당하는 부서로 Sales Department라고 하고, Marketing Department는 제품이나 서비스의 홍보 및 판촉을 담당하는 '마케팅부'입니다. 부서 이름을 나타낼 때는 소문자, 대문자 둘 다 사용할 수 있습니다.

★ '부서 소속'을 나타낼 때는 in이 아닌 from을 사용하여 from [부서 이름]으로 표현합니다. '-팀'은 부서의 하위 단위이므로 '[부서 이름] Department' 또는 '[부서 이름]'으로 표현하는 것이 적절합니다.

🎤 원어민은 이렇게 말해

- Hello, this is Grace <u>from the Sales Department</u>.

- Good morning, this is Grace <u>from Sales</u>.

222

여보세요. 박서준 부장님 계신가요?

- Hello. May I speak to ~~the manager~~ Park Seo-joon? *Almost there!*
  Manager

- Hello. Is Mr. Park there? *Good jop!*

★ 전화로 누구와 통화하고 싶다고 말할 때는 May I speak to [이름]?, Is [이름] there?, Is [이름] available?, I'm trying to reach [이름], I'm trying to get a hold of [이름] 등으로 표현합니다.

★ 해당 직급의 이름은 다양한 표현이 있는데 '부장님'은 manager나 director로 표현할 수 있습니다. 직책이 사람 이름 앞에 나올 때는 대문자로 표기하며, 직책에 상관없이 Mr.로 표현할 수도 있습니다.

- Hello, may I speak to Manager Park Seo-jun?

- Hello, is Director Park Seo-jun available?

> 잠시만요. 지금 자리에 안 계신데요.

- Hold on, please. He's not in right now. *Good job!*
- <u>Wait. He's not in now.</u> *Nice try!*
  One moment, please

★ '잠시만요'는 One moment, Just a moment, Hold on, Wait a minute, Give (me) a second과 같이 표현할 수 있습니다. 좀 더 공손하게는 please와 함께 말하거나 Can/Could you hold on for a moment, please? 처럼 표현할 수 있습니다.

★ '자리에 안 계시다'는 간단히 He's not available, He's not in, 또는 장소와 함께 He's not in his office, He's not at his desk 등으로 표현할 수 있습니다.

- Just a moment, please. He's not at his desk right now.
- Could you hold on for a moment, please? He's not in at the moment.

224

아마 회의 들어가신 것 같아요.

- He might be in <ins>the</ins> meeting. *Almost there!*
  (a 표기)

- He might be <ins>now in discussion</ins>. *Let's try again!*
  (?)

★ discussion은 '토론'이라는 뜻이기 때문에 '업무 회의'는 meeting으로 표현하는 것이 적절합니다. the meeting은 대화에서 이미 언급된 경우나 상대방이 이미 알고 있는 '특정' 회의를 가리킵니다. 따라서 일반적인 회의를 말할 때는 a meeting이라고 합니다.

🎙️ 원어민은 이렇게 말해

- He might be in <ins>a</ins> meeting.

- He's probably <ins>in a meeting</ins>.

회의가 언제쯤 끝나는지 알 수 있을까요?

- Do you know when the meeting will be end? *Almost there!*
- Can I get [the approximate ending time <u>about that discussion?</u>]
  of the meeting

★ '회의가 언제쯤 끝나다'는 의미로 영작한 the approximate ending time about that discussion은 '그 토론에 대해서 대략적인 종료 시간'으로 해석되는 어색한 직역입니다. about은 '~에 대해서'라는 뜻이기 때문에 '그 회의의' 종료 시간은 of the meeting으로 표현하는 게 적절합니다. 하지만 불필요하게 길고 복잡한 표현이므로 when과 함께 end, be finished, be over, be done으로 표현할 수 있습니다. '~쯤'을 강조하려면 be likely to(할 것 같다)와 함께 표현할 수 있습니다.

★ '~를 알 수 있을까요?'는 Do you know ~?, Do you have any idea ~?, Can/Could you find out ~?, Can/Could you tell me ~? 등으로 물어볼 수 있습니다.

- Do you have any idea when the meeting will end?
- Could you find out <u>when the meeting is likely to end?</u>

226

점심시간 전에는 끝날 것 같은데요.
성함 남겨 주시면 전화드리라고 전달하겠습니다.

- It <u>may</u> be over before lunch. I'll have him call you if you leave your name. *Good job!*

- I think it will end before ~~the~~ <u>lunch time</u>. I will ask him to <u>ring</u> you
  lunchtime *call*
  back if you leave me your name.

★ '~할 것 같은데'는 it should, it seems like, it looks like, it may be, I think 등으로 표현할 수 있습니다. '전화를 하다'를 의미하는 ring이나 give a ring은 주로 친구나 가족 등 가까운 사람에게 사용하는 캐주얼한 표현으로, 비즈니스 상황에는 call, give a call로 표현하는 것이 자연스럽습니다.

★ '누군가가 ~하게 하다'는 ask [사람] to [동사], tell [사람] to [동사], let [사람] know to [동사], have [사람] [동사]로 표현할 수 있습니다.

- It <u>should</u> be over before lunch. If you leave your name, I'll have him call you back.

- I think it will end before <u>lunchtime</u>. Just leave your name, and I'll make sure he gives you a <u>call back</u>.

저는 마크라고 합니다. 1시간쯤 후에 다시 한번 전화드릴게요.

- My name is Mark. I'll call again <u>after</u> an hour. *Almost there!*
  (위: in)
- I'm Mark. I will call you back <u>once again</u> an hour later or so.
  (아래: in about)

★ in an hour는 현재 시점으로부터 '한 시간 후'를 의미해서, 이번 문장과 같이 미래의 일을 얘기할 때 많이 씁니다. 그런데 after an hour는 순서상 다음을 의미해서 I went home after an hour (한 시간이 흐른 후 집에 갔다.)과 같이 쓰거나, 특정한 어떤 일로부터 한 시간 후를 의미해서 after an hour of waiting(한 시간을 기다린 후에)과 같이 주로 사용합니다.

★ call you back once again an hour later or so는 동일한 내용을 불필요하게 반복하는 어색한 문장입니다. call back은 '다시'라는 의미가 포함되어 있으므로 once again(한 번 더)은 불필요합니다. 따라서 간단히 call again, call back, give (him) another call과 같이 표현하는 것이 자연스럽습니다. an hour later or so는 '대략 한 시간 후'를 의미하지만, later와 or so를 함께 쓰는 것은 어색합니다. 간단히 about an hour later이나 in about an hour로 표현하는 것이 좋습니다.

- My name is Mark. I'll call again in about an hour.
- I'm Mark. I'll give him another call about an hour later.

Step 1 | 한 문장씩 구간 반복해서 들으며 동시에 따라 말해 보세요.
Step 2 | 한 문장씩 듣고 일시 정지한 다음, 그대로 흉내 내어 말해 보세요.

F Hello, this is Grace from the Sales Department.

M Hello, may I speak to Manager Park Seo-jun?

F Just a moment, please. He's not at his desk right now. He might be in a meeting.

M Do you have any idea when the meeting will end?

F It should be over before lunch. If you leave your name, I'll have him call you back.

M My name is Mark. I'll call again in about an hour.

💬 이 유닛의 처음으로 돌아가서, 한국어 대화문을 보고 영어로 말해 보세요.
틀리지 않고 자연스럽게 말할 수 있을 때까지 반복해 보세요.

병가 내기

다음 대화를 오른쪽 페이지에 영작해 보세요. 우리말을 그대로 영어로 직역하기보다는 원어민이 이 상황에서 쓸 만한 문장으로 만들어 보세요. 사전을 활용해도 괜찮아요.

 안녕하세요, 팀장님. 저 잭입니다.

 잭, 아침에 웬일이야?

 오늘 몸이 많이 안 좋아서 출근하기 힘들 것 같아서요.

 이런, 목이 많이 잠겼네. 어디가 안 좋은데?

 어제부터 감기 기운이 좀 있었는데요.
아침에 일어났더니 열도 나고 몸살이 심하네요.

 요즘 독감이 유행한다고 하던데.
병원에 꼭 가 보고 오늘은 집에서 푹 쉬어.

📝 영작하기

📖 원어민 첨삭 확인하기

 안녕하세요, 팀장님. 저 잭입니다.

✏️ 학습자 영작 예시

- Hello, boss. This is Jack. *Excellent!*

- Hello, <u>Manager</u>. I am Jack. *Nice try!*
  Manager [이름]

★ 원어민들이 직장 상사를 부를 때에는 상사의 성향과 상황에 따라 다양한 표현을 사용하지만, Mr./Mrs./Ms. [성]이 가장 일반적이며, Director [이름], Manager [이름]과 같이 직책에 이름을 붙여 사용할 수도 있습니다. 친분이 있는 경우에는 이름이나 boss라고 부르기도 하며, '팀장님'은 project manager, team leader, supervisor로 표현할 수 있습니다.

★ 전화로 자신의 이름을 말할 때는 This is [이름], It's [이름], I'm [이름] 등으로 표현합니다.

🎤 원어민은 이렇게 말해

- Hello, boss. It's Jack.
- Hi, Ms. [성]. This is Jack.

잭, 아침에 웬일이야?

- Jack, what's up in the morning? *Almost there!*
  (this)

- Jack, what happened to you this morning? *Good job!*

★ '아침에'는 in the morning이라고 하지만, '오늘 아침'을 나타낼 때는 this morning으로 표현하는 것이 자연스럽습니다. 상대방이 평소와 다른 행동을 해서 '웬일이야?'라고 할 때는 What's up?, What's going on?, What's this about?, What happened? 등으로 표현합니다.

원어민은 이렇게 말해

- Jack, what's up <u>this</u> morning?

- Jack, what's going on <u>this</u> morning?

오늘 몸이 많이 안 좋아서 출근하기 힘들 것 같아서요.

- I'm not feeling well today. I don't think I can go to work. *Almost there!*
  I'll be able to
- I am not feeling so good that I can't go to work. *Nice try!*
  well enough to

★ '몸이 안 좋다'는 not feeling well, feeling sick, feeling under the weather 등으로 표현합니다. '출근하다'는 일반적으로 go to work라고 하지만, 아파서 예상된 시간에 출근을 못하는 경우엔 make it to work(출근에 성공하다)를 써서 말할 수 있습니다.

★ can과 be able to는 둘 다 '할 수 있다'란 뜻이지만, can은 주로 '일반적인 능력'을 나타내고 be able to는 '해낼 수 있다'란 뉘앙스가 있어서 이 문맥에 더 잘 어울립니다.

- I'm not feeling well today, and I don't think I'll <u>be able to</u> go to work.

- I'm feeling under the weather today, and I won't <u>be able to</u> make it to work.

이런, 목이 많이 잠겼네. 어디가 안 좋은데?

- Oh, dear! Your voice sounds <u>bad</u>. How are you feeling? *Nice try!*
  sore
- Dear, [you sound you have got hoarse.] [Where are you not good?]
  your voice sounds hoarse   ?
  Let's try again!

★ '목이 잠긴'이라는 의미로 영작한 voice sounds bad는 '목소리가 나쁘다'란 의미로, 좀 더 구체적인 hoarse(목쉰), scratchy(긁는 듯한), sore(아픈), rough(거친) 같은 형용사와 voice, throat(목)을 함께 사용하여 표현하는 것이 좋습니다. 또는 lose one's voice, voice is a little off와 같이 표현하기도 합니다.

★ 상대방의 건강 상태를 물을 때 사용하는 표현으로는 How are you feeling?, How are you doing?, Are you okay?, Are you feeling okay? 등이 있습니다. Where are you not good? 은 '무엇을 잘 못해?'로 해석될 수 있기 때문에 어색합니다. 이를 Where are you feeling unwell?로 바꾸면 상대방의 건강 상태에 대해 구체적으로 묻는 표현으로 사용할 수 있습니다.

- Oh, your throat sounds pretty <u>sore</u>. Are you okay?

- Oh dear, you are <u>losing your voice</u>. Are you feeling okay?

- Oh no, your voice sounds <u>a little off</u>. How are you feeling?

어제부터 감기 기운이 좀 있었는데요.

- I've come down with a cold since yesterday. *Good job!*

- I have a slight cold <u>from</u> yesterday. *Let's try again!*
  had　　　　　　 since

'감기'와 관련된 표현

· I feel like I'm coming down with a cold.

· I think I'm getting a cold.

· [I have + 증상]

   a cough(기침), a sore throat(목 아픔), a runny nose(콧물), a stuffy nose(코막힘), a fever(열), chills(오한), body aches(몸살), a headache(두통)

★ have a cold from yesterday처럼 현재형에 과거를 나타내는 '어제부터'를 함께 쓰는 것은 어색하기 때문에 since yesterday와 함께 현재완료형으로 표현하는 것이 자연스럽습니다. 또는 '감기 기운이 있었다'라고 과거형으로 felt under the weather라고 해도 됩니다.

- I felt like I was coming down with a cold yesterday.

- I've been feeling a bit under the weather <u>since</u> yesterday.

236

아침에 일어났더니 열도 나고 몸살이 심하네요.

- And I have a fever and <u>ache</u> all over this morning. *Almost there!*
  aches
  have
- I <u>got</u> fever and <u>ache</u> all over <u>the</u> body. *Let's try again!*
  a   aches   my

★ '아침에 일어났더니, [증상]이 있었다'는 풀어서 When I woke up, I had [증상]으로 표현할 수도 있지만, I woke up with [증상]으로 간결하게 표현할 수 있습니다. get up과 wake up은 비슷한 의미지만, get up은 일어나서 활동을 시작하는 것, wake up은 잠에서 깨어나는 것을 의미합니다. 이 문맥에서는 둘 다 사용할 수 있습니다.

★ '몸살'은 단수가 아닌 복수형인 (body) aches로 표현해야 합니다. '몸살이 심하다'는 have aches all over (my body)로 표현하기도 하고 my whole body aches, my whole body is aching과 같이 표현할 수도 있습니다.

- When I woke up this morning, I had a fever, and my whole body was aching.
- I woke up with a fever and severe body <u>aches</u> this morning.

요즘 독감이 유행한다고 하던데.
병원에 꼭 가 보고 오늘은 집에서 푹 쉬어.

- I heard the flu is going around lately. You should go see a doctor and take a rest at home. *Great job!*
- I heard ⌐the flu is going around. You ~~surely~~ *should* go to see a doctor and take a good rest at home today. *Almost there!*

★ '독감'은 the flu, '유행하다'는 be going around으로 표현합니다. '병원에 가다'는 go to the hospital로 직역할 수 있지만, 이 표현은 응급 상황이나 질병, 부상으로 큰 병원을 찾을 때 사용합니다. 일반적으로 의사의 진료나 검진을 받을 때는 go (to) see a doctor로 표현합니다.

★ surely는 주로 동의나 확신을 나타내는 표현으로 사용되기 때문에 제안이나 충고를 할 때 사용하는 것은 어색합니다. (예 You can surely do this. / You surely did a great job. / You're surely going to pass the test.). 이 문맥에서는 should 와 함께 definitely, absolutely로 표현하거나, 이를 축약한 '반드시 ~해'라는 의미의 make sure to, be sure to로 '꼭' 해야 하는 것을 강조할 수 있습니다.

★ '쉬다'란 표현에는 rest, take a rest, get some rest, take it easy 등이 있습니다.

- I heard <u>the flu</u> is going around. You <u>should</u> definitely go see a doctor and rest at home today.

- It seems like <u>the flu</u> is going around these days. <u>Make sure to</u> go see a doctor, and get some rest at home today.

Step 1 | 한 문장씩 구간 반복해서 들으며 동시에 따라 말해 보세요.
Step 2 | 한 문장씩 듣고 일시 정지한 다음, 그대로 흉내 내어 말해 보세요.

M Hello, boss. It's Jack.

F Jack, what's up this morning?

M I'm not feeling well today, and I don't think I'll be able to go to work.

F Oh, your throat sounds pretty sore. Are you okay?

M I felt like I was coming down with a cold yesterday. When I woke up this morning, I had a fever, and my whole body was aching.

F I heard the flu is going around. You should definitely go see a doctor and rest at home today.

💬 이 유닛의 처음으로 돌아가서, 한국어 대화문을 보고 영어로 말해 보세요.
틀리지 않고 자연스럽게 말할 수 있을 때까지 반복해 보세요.

툭하면 지각하는 부하 직원

다음 대화를 오른쪽 페이지에 영작해 보세요. 우리말을 그대로 영어로 직역하기보다는 원어민이 이 상황에서 쓸 만한 문장으로 만들어 보세요. 사전을 활용해도 괜찮아요.

 데이비드, 이번 달에 벌써 몇 번째 지각하는 거야?

 3번째요. 알람을 맞춰 놓고 자는데, 못 듣고 계속 자버렸습니다.

 자꾸 늦는 것도 버릇이야. 딱 맞춰 출근할 생각 말고, 아예 일찌감치 출근하면 지각할 일이 없지.

 네, 죄송합니다. 어젠 거래처 사람들이랑 늦게까지 술자리가 있어서요.

 요즘 일이 많은 건 알겠는데 출근 시간은 지켜야지. 다른 사람들은 다 맞춰 오는데, 혼자 계속 지각하면 분위기가 나빠지잖아.

 네, 알겠습니다. 앞으로는 더 조심하겠습니다.

📝 영작하기

데이비드, 이번 달에 벌써 몇 번째 지각하는 거야?

✏️ **학습자 영작 예시**

- David, how many times ~~were you~~ _have you been_ late for work this month? _Almost there!_
- David, how many times ~~is your~~ being late this month? _Nice try!_
  are you

★ 이 문맥에서 '몇 빈째'는 '몇 번'이라는 의미로 how many times로 표현할 수 있습니다. 과거부터 현재까지 지속되고 있는 일에 대해 묻는 현재완료형, 과거에 중점을 둔 과거형, 또한 현재에 중점을 둔 현재진행형으로 다 표현 가능합니다. your being late(너의 지각)는 문법적으로 틀린 직역이므로 are you being late라고 쓰는 것이 적절합니다.

🎙️ **원어민은 이렇게 말해**

- David, how many times <u>have you been</u> (running) late this month?

- David, how many times <u>are you</u> being late this month?

3번째요. 알람을 맞춰 놓고 자는데, 못 듣고 계속 자버렸습니다.

- 3 times. I set the alarm, but I slept through the alarm. *Almost there!*
  - *it*

- This is the third. Though I set an alarm and went to bed, I slept
  - *my third time*   *before going*
  through the alarm. *Keep practicing!*
  - *it*

★ how many times(몇 번)라는 질문에 대한 답으로 '세 번'은 three times, my third time으로 표현할 수 있습니다.

★ 알람을 설정하는 것은 '나의 알람'을 맞춘 것이므로 set my alarm 또는 set the alarm으로 표현합니다. '알람 소리를 못 듣고 계속 자다'는 sleep through the alarm이라고 하지만, 문장 앞부분에 alarm이 나왔을 경우엔 it으로 대신해서 사용하는 게 자연스럽습니다.

🎙️ 원어민은 이렇게 말해

- This is my third time. I set my alarm but slept through it.

- Three times. I set my alarm, but I didn't hear it and slept through it.

자꾸 늦는 것도 버릇이야.

- Being late often is kind of habit. *Almost there!*
- Being late often and often is a bad habit. *Almost there!*

★ '자꾸'는 often(자주)으로 표현할 수 있지만, consistently(지속적으로), constantly(끊임없이), all the time(아주 자주)을 사용해 그 의미를 좀 더 강조할 수 있습니다.

★ (a) kind of는 '일종의'라는 의미로, a kind of habit은 '일종의 버릇과 같은 것'으로 해석됩니다. 하지만 안 좋은 버릇을 강조할 때는 kind of를 생략하고 직접적으로 a habit, 또는 a bad habit으로 표현하면 의미 전달이 명확해집니다.

🎙 원어민은 이렇게 말해

- Being late <u>all the time</u> is a habit.
- <u>Consistently</u> being late is a bad habit.
- Being <u>constantly</u> late is a bad habit.

딱 맞춰 출근할 생각 말고,
아예 일찌감치 출근하면 지각할 일이 없지.

🖉 학습자 영작 예시

- Don't try to <u>be</u> on time. If you ~~try to~~ come to work early, you'll never be late.   *get to work right*

- You will not be late <u>If</u> you <u>decide to</u> arrive at ^{*the*}office not just <u>in time</u> but even earlier.   *if*   *try to*   *on time*

★ '(시간을) 딱 맞추다'는 be on time으로 표현할 수 있지만, '딱 맞춰 가다'는 동작을 강조할 때는 get to [장소] right on time 또는 get to [장소] exactly on time로 표현할 수 있습니다. in time은 마감일 전에 일을 완료하거나 어떤 일이 일어나기 전에 도착하는 것을 나타냅니다.

★ '~할 생각 말고'는 don't try to '~하려고 하지 마'로 표현할 수 있습니다. 하지만 decide는 '결정하다, 결심하다'란 뜻이어서 이 문맥에는 어울리지 않습니다. 상대방에게 다른 뭔가를 제안하거나 권할 때는 ' ~ 대신에 ~하는 게 어때?'를 의미하는 Instead of ~, why don't you ~? 또는 Why don't you ~ instead of ~?로 표현할 수 있습니다.

★ '일찍 출근하다'는 come to work early, arrive at work early로 표현할 수도 있지만, come in early라고 하면 더 간단하고 깔끔한 표현이 됩니다.

🎙 원어민은 이렇게 말해

- <u>Instead of</u> trying to get to work exactly on time, <u>why don't you</u> just come in early? Then you'll never be late.

- <u>Why don't you</u> just come in early <u>instead of</u> trying to get to work exactly on time? Then you'll never be late.

> 네, 죄송합니다.
> 어젠 거래처 사람들이랑 늦게까지 술자리가 있어서요.

- I'm sorry. I had a <u>get together</u> with ^a<u>buyer</u> last night. *Let's try again!*
- <del>OK</del>. I am sorry. I <u>was supposed to</u> stay late <u>in drink party</u> with
                                      had to   *at a gathering*
  <u>customers</u> last night.
    clients

★ get together(동사), get-together(명사)는 주로 가족이나 친구들이 모여서 즐거운 시간을 갖는 것을 의미합니다. 거래처 사람과의 술자리는 만나는 것은 gathering이나 meeting으로 표현하는 것이 적절합니다.

★ '늦게까지 술을 마셨다'는 형용사 late-night(늦은 밤의)과 함께 had a late-night gathering 으로 표현하거나, 더 간단히 had a late night으로 표현할 수 있습니다. was supposed to ~는 '~하기로 되어 있었는데'라는 말이 되어 어색합니다.

'거래처 사람들'을 나타내는 표현

clients(전문적인 서비스를 받는 의뢰인, 고객), buyers(구매자), customers(손님, 소비자), vendors/suppliers(공급업체), distributors(유통업체), dealers(대리점), retailers(소매업체), manufacturers(제조업체), service providers(서비스 제공업체), contractors(계약업체), subcontractors(하청업체), agency(대행사), business partners(사업 파트너), business associates(고객사의 직원들)

- I'm sorry. I had a <u>late-night gathering</u> with clients yesterday.
- I apologize. I had a <u>late night</u> with clients yesterday.

요즘 일이 많은 건 알겠는데 출근 시간은 지켜야지. 다른 사람들은 다 맞춰 오는데, 혼자 계속 지각하면 분위기가 나빠지잖아.

✏️ 학습자 영작 예시

- I understand that you have lots of work to do these days. But if you keep coming late for work while <u>other people</u> coming on time, office
  everyone else   *come*   ⌐the
  atmosphere will <u>get bad.</u> *Keep practicing!*

★ '일이 많다'란 표현에는 have a lot of work, have a lot on one's plate, be swamped with work, be overwhelmed with work 등이 있습니다.(Day 18 참고) '출근 시간을 지키다' 는 be punctual, arrive on time, be on time과 같이 씁니다. '다른 사람들'은 other people, other staff보다 간단히 everyone else라고 하는 게 자연스럽습니다.

'분위기를 나쁘게 하다'를 의미하는 다양한 표현

- spoil(망치다) + the environment(환경), the atmosphere(분위기), the office morale(사기)
- affect(영향을 미치다) + the overall atmosphere(전체적인 분위기)
- make(만들다) + the environment unpleasant(불편한), the atmosphere sour(불쾌한)
- create(자아내다) + a negative atmosphere, a toxic(독성의) atmosphere
- dampen(꺾다/악화시키다) + the mood, the spirits(의욕/기운), the atmosphere

🎙️ 원어민은 이렇게 말해

- I understand you've been quite busy lately, but you must be on time for work. <u>Everyone else</u> is punctual, so if you keep coming late, the office atmosphere will <u>sour</u>.

- I know you've had a lot on your plate, but arriving on time for work is important. <u>Everyone else</u> is on time, so if you continue being late, it spoils the office morale.

네, 알겠습니다. 앞으로는 더 조심하겠습니다.

- I'll keep that in mind. And I'll try to come early from now on. *Great job!*

- Yes, certainly. I will make sure it won't happen again. *Great job!*

★ I'll keep that in mind는 상대방의 지적을 인정하고 미래에 고려할 것을 표현하는 공손한 표현입니다. 하지만 좀 더 강한 동의와 약속을 나타낼 때는 I completely understand, I'll take your advice, I'll do that, certainly 등으로 표현할 수 있습니다. '앞으로는'은 from now on, in the future, going forward 등으로 표현할 수 있습니다.

🎤 원어민은 이렇게 말해

- I'll take your advice and try to come early going forward.

- Yes, I completely understand. I'll make sure it doesn't happen again.

Step 1 | 한 문장씩 구간 반복해서 들으며 동시에 따라 말해 보세요.
Step 2 | 한 문장씩 듣고 일시 정지한 다음, 그대로 흉내 내어 말해 보세요.

F David, how many times have you been late this month?

M This is my third time. I set my alarm but slept through it.

F Consistently being late is a bad habit. Instead of trying to get to work exactly on time, why don't you just come in early? Then you'll never be late.

M I apologize. I had a late night with clients yesterday.

F I understand you've been quite busy lately, but you must be on time for work. Everyone else is punctual, so if you keep coming late, the office atmosphere will sour.

M Yes, I completely understand. I'll make sure it doesn't happen again.

💬 이 유닛의 처음으로 돌아가서, 한국어 대화문을 보고 영어로 말해 보세요.
틀리지 않고 자연스럽게 말할 수 있을 때까지 반복해 보세요.

다음 대화를 오른쪽 페이지에 영작해 보세요. 우리말을 그대로 영어로 직역하기보다는
원어민이 이 상황에서 쓸 만한 문장으로 만들어 보세요. 사전을 활용해도 괜찮아요.

아, 맨날 들들 볶는 부장에, 뻑하면 야근에, 나 미칠 것 같아.
이참에 창업이라도 할까?

요즘 자영업자들 얼마나 힘든데? 아무리 아니꼬워도
끝까지 버티는 게 좋아. 회사 나가면 지옥이야.

나도 알아. 실은 얼마 전에 다른 회사 면접 봤어.

그래? 어떻게 됐어? 조건은 괜찮아?

같은 분야라서 연봉은 비슷해. 대신 거긴 지금처럼 일이 많지
않아서 정시에 퇴근하고 일이 편한 모양이더라고.

잘됐네. 스트레스 그만 받고 빨리 옮겨.

📝 영작하기

아, 맨날 들들 볶는 부장에, 뻑하면 야근에, 나 미칠 것 같아.

✏️ 학습자 영작 예시

- Ah, my boss √is always picking on me, and I'm working overtime too often. I think I'm going crazy. *Almost there!*

- Oh, I am going crazy due to [everyday pestering manager,] so frequent overwork. *Let's try again!*

★ '들들 볶다'는 pick on(괴롭히고 갈구다), nitpick at(시시콜콜 따지고 꼬투리 잡다), micromanage(사사건건 간섭하다), constantly nag(끊임없이 잔소리하다)로 표현할 수 있습니다. pester는 주로 어린아이가 어른을 조르고 성가시게 한다고 할 때 쓰는 표현으로, 이 맥락에는 어색합니다.

★ '뻑하면'은 all the time, constantly, always, too often 등으로 표현할 수 있습니다. so frequent overwork에서 so가 frequent(형용사)만을 수식할 때는 자연스럽지만, so frequent가 overwork(명사)를 수식하면 어색한 문장이 됩니다. 따라서 frequent overwork 또는 so much overwork라고 하는 것이 적절합니다.

★ '나 미칠 것 같아'는 I'm going crazy/nuts/insane, I'm losing my mind, I'm at my wit's end(어찌할 바를 모르겠어) 등으로 표현하거나, '~가 나를 미치게 하다'란 의미의 be driving me crazy/nuts/insane과 같이 표현할 수도 있습니다.

🎤 원어민은 이렇게 말해

- Oh man, my boss is driving me crazy with his <u>constant nagging</u>, and I'm always working overtime.

- Ugh, I'm going crazy with <u>my boss constantly nitpicking at me</u> and <u>having to work late all the time.</u>

이참에 창업이라도 할까?

- Should I start my own business? *Great job!*

- Do I have to start my own business this time? *Nice try!*
  Should I

★ '창업이라도 할까?'는 Should I ~? 또는 Maybe ~?로 표현할 수 있지만, Do I have to ~는 '~해야 하나'란 말이 되어 어색합니다. consider(고려하다), take the plunge(위험을 감수하고 과감히 도전하다), jump ship(속해 있던 조직을 떠나 버리다)과 start my own business(창업을 하다), be my own boss를 함께 사용하여 표현할 수 있습니다.

- Do you think I should consider starting my own business?

- Maybe it's time to jump ship and be my own boss?

요즘 자영업자들 얼마나 힘든데?

- Self-employed people are having a really hard time these days.
- Do you know how much trouble ⌐the self-employed have now? *Nice try!*
  ___
  are facing

★ '자영업자'는 a self-employed person, the self-employed, a small business owner(소상공인)로 표현할 수 있고, '힘들다'는 be tough, be difficult, be challenging 또는 have a hard time, face(직면하다) 등으로 표현할 수 있습니다. 좀 더 그 의미를 강조하기 위해 '~한지 알기나 해?'라는 뉘앙스의 Do you have any idea how ~?나 Do you even know how ~?와 함께 사용할 수 있습니다.

- Do you have any idea how challenging it is to be self-employed these days?

- Do you even know how hard it is for small business owners right now?

아무리 아니꼬워도 끝까지 버티는 게 좋아.
회사 나가면 지옥이야.

- You have to put up with it even though it's hard to work <u>at the</u>
  company. [It's a hell if you go outside the world.]
  for a
- You had better <u>persevere on how hard it is.</u> [You will be stuck in hell]
  persevere through it
  <u>on going out of</u> your company.
  once you leave

★ '아무리 아니꼬워도'는 no matter how hard/tough it is, no matter what, even though it's hard로 표현하는 것이 적절합니다.

★ '버티다'는 고통이나 어려움을 참고 견디는 것을 의미하는 put up with it, tough it out, stick it out, hang in there 등으로 표현할 수 있습니다. 그런데 on going out of your company 는 '회사를 그만두는 것에 대해'로 해석되어 어색합니다. 대신 '일단, 한 번'이라는 의미의 once와 '회사를 그만두다'를 의미하는 leave your company, step out of your job, be out of your current job과 같이 표현하는 것이 적절합니다. 또한 '회사'를 비유적으로 bubble(안전한 환경) 로 표현할 수도 있습니다.

- It's best to tough it out, no matter what. <u>Once you leave that bubble,</u>
  <u>it feels like diving into hell</u>.
- It's better to stick it out at your job, no matter how tough it is. <u>Once</u>
  <u>you're out of your job</u>, <u>it feels like hell</u>.

나도 알아. 실은 얼마 전에 다른 회사 면접 봤어.

- I know. Actually, I had an interview with some company. *Good job!*

- I know it, too. Actually, I had an interview with other company a few
  days ago. *Almost there!*

  another

★ '면접을 보다'는 have an interview, '다른 회사'는 another company나 some company(어떤 회사)로 표현할 수 있습니다. 하지만 other company는 문법상 other companies로 표현되어야 하지만, '두 개 이상의 다른 회사들'을 의미하므로 이 문맥에는 적절하지 않습니다. '얼마 전'은 recently, a while ago, not too long ago, a few days ago 등과 같이 표현할 수 있습니다.

- I know too. I actually had an interview with some company not too
  long ago.

- I know. Actually, I had an interview with another company recently.

그래? 어떻게 됐어? 조건은 괜찮아?

- Really? How did it go? How did you like the offer? *Great job!*

- Really? How was that? Were the <u>terms</u> nice? *Almost there!*

      it

★ 여기서 '(면접) 어떻게 됐어?'는 어떤 일의 진행 상태나 결과를 묻는 표현인 How did it go?나 How did the interview go?라고 합니다. 또한 '~은 어땠어?'란 의미로 How was ~?, How did you like ~?, What did you think of ~? 등으로 물어볼 수도 있습니다.

★ 회사에서 제공하는 '조건'은 offer, terms of the offer로 표현할 수 있지만, 이보다 좀 더 포괄적으로 salary(급여), benefits(복리후생), location(근무지), title(직책), probationary period(수습 기간) 등을 포함하여 package로 표현할 수 있습니다.

- Oh, really? How did it go? What comes with the <u>package</u>?

- Seriously? How was it? Were you pleased with the <u>offer</u>?

같은 분야라서 연봉은 비슷해.

- *The* *the* *in the*
  •Salary is almost same since it's same field. *Let's try again!*

- It <u>treats</u> the same field, and so the salary is <u>alike</u>. *Let's try again!*
  <u>is in</u>   <u>comparable</u>

★ '같은 분야'는 same field 또는 same industry로 표현할 수 있습니다. '연봉이 비슷하다'는 의미로 영작한 the salary is alike에서 alike(비슷한)는 형용사이지만, 주로 사람, 물건, 예술 작품 등 외형상의 유사성을 강조할 때 사용됩니다. 따라서 연봉과 같은 수치를 비교할 때 alike는 어색하고, 대신 similar, almost the same, comparable(비교할 만한)과 같은 표현을 쓰는 것이 좋습니다.

🎙️ 원어민은 이렇게 말해

- The salary is <u>comparable</u> because it's in the same industry.

- It's a similar role in the same field, with <u>comparable pay</u>.

대신 거긴 지금처럼 일이 많지 않아서 정시에 퇴근하고
일이 편한 모양이더라고.

• But this company <u>don't</u> have <u>many works to do</u>. So, I could get off
  work on time and <u>the work</u> seems ~~to be~~ easier.
  doesn't *much work*
  the tasks
• ~~Instead,~~ there <u>doesn't seem to be much work</u> ~~there~~, and people at
  that company leave the office on time, and <u>their work looks easy</u>.
  Let's try again!

★ '지금처럼 일이 많지 않아서'라는 의미로 영작한 don't have many works to do, doesn't
seem to be much work there은 어색한 직역으로, 회사에 업무가 많이 없고 한가하다는 뉘앙스
로 해석됩니다. 따라서 workload looks lighter(업무 부담이 적다) 또는 have a more relaxed
environment(좀 더 편안하고 여유로운 분위기이다)와 같이 표현하는 게 자연스럽습니다.

★ '일이 편한 모양이다'라는 의미의 영작 work seems to be easier, their work looks easy에
서 사용된 easy는 '쉬운'이란 의미로 다소 경솔하게 느껴질 수 있습니다. 따라서 manageable(감
당할 수 있는), more chill(더 여유로운), less stressful(덜 스트레스 받는), less demanding(덜
부담이 되는)으로 표현하는 것이 좋습니다.

• But they seem to have a <u>more relaxed environment</u>. People leave on
  time, and it seems <u>less demanding</u>.

• But the vibe seems <u>way more chill</u>. They leave on time, and the
  <u>workload looks lighter</u> (than here).

잘됐네. 스트레스 그만 받고 빨리 옮겨.

- That's good for you. [Stop suffer from stress] and change jobs as soon as possible. *Let's try again!*

- Good. [Stop suffering from stress] and <u>transfer into a new work</u> without hesitation. *Let's try again!*
  take the new job

★ 친구의 좋은 소식에 대한 축하나 긍정적인 표현으로 (That's) Good for you. / I'm so happy for you. / That's great news. / That's perfect. 등이 있습니다. '(직장을) 옮기다'는 change jobs, switch jobs, take the new job 등으로 표현할 수 있지만, transfer into는 주로 한 조직 내에서 이동을 나타낼 때 사용하는 표현이므로 이 문맥에는 적절하지 않습니다.

★ suffering from stress는 '스트레스로 고통받다'라고 해석되는 강한 표현입니다. '스트레스 그만 받아'는 don't stress out, stop stressing, don't let stress get you 등의 부드러운 표현을 쓰는 것이 자연스럽습니다.

🎙️ 원어민은 이렇게 말해

- That's prefect. Stop <u>stressing out</u>, and you should definitely take that job.

- That's great news! <u>Don't let stress get you</u>; just <u>take the new job</u>.

Step 1 | 한 문장씩 구간 반복해서 들으며 동시에 따라 말해 보세요.
Step 2 | 한 문장씩 듣고 일시 정지한 다음, 그대로 흉내 내어 말해 보세요.

M Oh man, my boss is driving me crazy with his constant nagging, and I'm always working overtime. Do you think I should consider starting my own business?

F Do you have any idea how challenging it is to be self-employed these days? It's best to tough it out, no matter what. Once you leave that bubble, it feels like diving into hell.

M I know too. I actually had an interview with some company not too long ago.

F Oh, really? How did it go? What comes with the package?

M The salary is comparable because it's in the same industry. But they seem to have a more relaxed environment. People leave on time, and it seems less demanding.

F That's great news! Don't let stress get you, just take the new job.

💬 이 유닛의 처음으로 돌아가서, 한국어 대화문을 보고 영어로 말해 보세요.
틀리지 않고 자연스럽게 말할 수 있을 때까지 반복해 보세요.

벼락치기

다음 대화를 오른쪽 페이지에 영작해 보세요. 우리말을 그대로 영어로 직역하기보다는 원어민이 이 상황에서 쓸 만한 문장으로 만들어 보세요. 사전을 활용해도 괜찮아요.

 야, 너 공부 많이 했어?

 내가 공부 많이 한 사람으로 보여? 나 항상 벼락치기 하잖아.

 나도 어제 딱 한 시간만 자고 일어나서 밤 새우려고 했는데 쭉 자 버렸어. 완전 망했어.

 넌 그래도 평소에 공부 많이 하잖아.

 아냐, 이번엔 공부 별로 못 했어.

 그렇게 말하는 사람들이 항상 점수는 잘 나오더라.

 뭐, 결과 나오면 알겠지.

📝 영작하기

📖 원어민 첨삭 확인하기

 야, 너 공부 많이 했어?

📝 학습자 영작 예시

- Hey, did you study a lot? *Excellent!*

★ '공부를 많이 하다'는 study a lot 또는 study hard로 표현할 수 있습니다. 또한, 학생들 사이에서 자주 쓰이는 관용구로, 시험을 대비해 열심히 공부하는 것을 hit the books라고 표현하기도 합니다.

🎤 원어민은 이렇게 말해

- Hey, did you study a lot?
- Hey, did you in hit the books (hard)?

내가 공부 많이 한 사람으로 보여? 나 항상 벼락치기 하잖아.

- Do I look like I studied a lot? I always cram for ~~the~~ exams. *Almost there!*
- Do I look like [such a study-a lot man?] As you know, I always cram for ~~the~~ tests. *Let's try again!*

  someone who studied a lot

★ '~으로 보이다'는 look like 또는 seem like로 표현할 수 있습니다. '공부 많이 한 사람'을 영작한 such a study-a lot man은 어색한 직역으로, someone who studied a lot으로 표현할 수 있습니다. '벼락치기를 하다'는 cram, study at the last minute(막판에 공부하다), pull an all-nighter(밤을 새우다), burn the midnight oil(밤을 새우다) 등으로 표현할 수 있습니다. 또는 more of(~인 편인)과 a last-minute crammer(벼락치기를 하는 사람)을 함께 사용하여 표현할 수 있습니다.

- Do I look like I did? I always cram at the last minute.
- Do I seem like I studied a lot? I'm more of a last-minute crammer.

나도 어제 딱 한 시간만 자고 일어나서 밤 새우려고 했는데 쭉 자버렸어. 완전 망했어.

- I was going to sleep for an hour and then study all night. ~~But~~ I *, but*
  couldn't wake up. I'm totally screwed. *Almost there!*
- Though I made my mind *planned* to stay up after [having a just one hour *only one hour of sleep*
  sleep,] I slept ~~all over the~~ night. I screw it up totally. *Let's try again!*

★ '밤을 새우다'란 표현에는 stay up all night 또는 pull an all-nighter 등이 있습니다.

★ '~려고 했는데'를 영작한 make one's mind는 make up one's mind(결정하다)로 표현하는 것이 명확합니다. 하지만 이 표현은 선택의 어려움을 강조하거나 결정을 내리지 못한 상태를 나타내는 데 자주 사용하는 표현으로, 이 문맥에서는 계획을 나타내는 be going to나 plan으로 표현하는 게 자연스럽습니다.

★ all over(곳곳에)는 위치를 나타내는 표현으로, '쭉 자 버렸어'는 간단히 slept all night이라고 하는 것이 적절합니다. 또는 slept through the (whole) night, slept throughout the (entire) night로 표현할 수 있습니다.

★ '완전히 망하다'란 표현에는 be totally screwed, be completely screwed, be so dead 등이 있습니다. 하지만 screw it up이라고 하면 '무엇(it)을 망치다'란 말이 되어 이 문맥에서는 어색합니다.

- I planned to nap for an hour and then pull an all-nighter, but I ended up sleeping through the whole night. I'm totally screwed.

- I was going to wake up after one hour of sleep and stay up all night to study yesterday, but I slept through the night. I'm so dead.

> 넌 그래도 평소에 공부 많이 하잖아.

- But you study a lot <u>at ordinary times.</u> *Let's try again!*

on a regular basis
- However, you usually <u>have studied</u> <u>much.</u> *Let's try again!*

study a lot

★ '평소에 ~을 한다'란 말은 시기와 상관없이 하는 행동이므로 현재완료형을 쓰지 않고 현재형을 사용합니다. 여기서 말하는 '평소'는 시험 기간이 아니어도 '일상적으로 자주'를 의미하는데 at ordinary times는 특별한 경우나 위급한 시기가 아닌 '일반적인 상황'을 의미합니다. 따라서 이런 문맥에서는 좀 더 일반적인 usually, normally, on a regular basis로 표현하는 게 자연스럽습니다. 또한, 평소에 주어진 일들을 효율적으로 처리하고 관리하는 능력을 나타낼 때 자주 사용하는 표현으로 be on top of things/everything가 있습니다.

- You study a lot <u>on a regular basis</u>, though.
- But you're usually so <u>on top of things</u>.

아냐, 이번엔 공부 별로 못 했어.

- No, I didn't study much this time. *Good job!*
- No, I haven't this time. *Good job!*

★ '공부 별로 못 했어'는 간단히 '게으름을 피우다'를 뜻하는 slack off로 표현할 수도 있습니다.

원어민은 이렇게 말해

- No, I haven't studied much this time.

- Nah, not this time. I've slacked off a bit.

268

그렇게 말하는 사람들이 항상 점수는 잘 나오더라.

- People who talk like that always get good grades. *Good job!*

- The guys saying like that would always get good grades. *Nice try!*
  People who say that

★ '너희들', '여러분'이라고 할 때는 you guys라고 하지만, 여기서 '사람들'이란 의미로 guys는 어색합니다.

★ '그렇게 말하는 사람들'은 people who say that, people who claim that, people who talk like that과 같이 표현합니다. '좋은 점수를 받다'는 get good grades 또는 ace it로 표현할 수 있습니다.

- People who say that always get good grades.

- People who claim that usually end up acing it.

뭐, 결과 나오면 알겠지.

- Well, we'll see when the result come out. *Almost there!*
  (s)
- Well, you will see the truth after the result comes out. *Almost there!*
  (s) (are)

★ '~면 알겠지'는 we'll see, we'll find out, we'll know 등으로 표현하고, '결과가 나오다'는 we get the results, the results are out, the results come out과 같이 표현할 수 있습니다. 또는 The results will tell(결과가 알려 주겠지), we just have to wait and see(두고 보면 알게 되겠지) 같은 표현을 써도 좋습니다.

- Well, we'll see when we get the results.

- Guess we'll find out when the results come out.

- Well, the results will tell.

Step 1 | 한 문장씩 구간 반복해서 들으며 동시에 따라 말해 보세요.
Step 2 | 한 문장씩 듣고 일시 정지한 다음, 그대로 흉내 내어 말해 보세요.

F Hey, did you hit the books hard?

M Do I look like I did? I always cram at the last minute.

F I planned to nap for an hour and then pull an all-nighter, but I ended up sleeping through the whole night. I'm totally screwed.

M But you're usually so on top of things.

F Nah, not this time. I've slacked off a bit.

M People who say that always get good grades.

F Well, the results will tell.

💬 이 유닛의 처음으로 돌아가서, 한국어 대화문을 보고 영어로 말해 보세요.
틀리지 않고 자연스럽게 말할 수 있을 때까지 반복해 보세요.

다음 대화를 오른쪽 페이지에 영작해 보세요. 우리말을 그대로 영어로 직역하기보다는
원어민이 이 상황에서 쓸 만한 문장으로 만들어 보세요. 사전을 활용해도 괜찮아요.

 안녕하세요. 가게 밖에 붙여 있는 구인 광고 보고 왔는데요.

 아, 홀 서빙 경험은 있으세요? 혹시 이력서 가져오셨나요?

 네, 여기요. 커피숍이랑 호프집에서 일해 본 적이 있습니다.

 저희는 최저 시급에 식사는 제공되는데요.
가능한 시간대는 어떻게 되나요?

 전 주로 평일 저녁 시간에 일할 수 있습니다.

 그럼 다음 주 월요일부터 시작할 수 있나요?
6시부터 10시까지 어때요?

 네, 괜찮습니다. 그럼 월요일에 뵐게요.

📖 원어민 첨삭 확인하기

 안녕하세요. 가게 밖에 붙여 있는 구인 광고 보고 왔는데요.

✏️ 학습자 영작 예시

- Hi. I saw the 'Help Wanted' sign posted outside. *Great job!*
- Hello. I saw the job offering ad posted in front of this store, which
  <u>outside</u>
  makes me come here. *Let's try again!*
  and I'd like to apply

★ '구인 광고'는 job posting, job ad, job opening posted 등으로 표현합니다. job offering 은 '일자리 제의/제공'이란 뜻으로 이 문맥에서는 어색합니다. '가게 밖'은 가게 입구나 바깥쪽을 의미해서 outside 또는 outside of [가게]로 표현하는데 in front of this store는 가게 앞쪽 공간을 의미해서 어색합니다. 여기서 '가게'는 문맥상 음식점을 나타내므로, 좀 더 구체적으로 restaurant으로 표현할 수 있습니다.

★ which makes me come here는 어색한 표현으로, '지원하고 싶어요'란 의미의 I'd like to apply 또는 I came to apply로 표현하는 것이 명확하고 자연스럽습니다.

🎤 원어민은 이렇게 말해

- Hi, I saw the job posting outside, and <u>I came to apply.</u>
- Hello, <u>I'd like to apply</u> for the job opening posted outside your restaurant.

아, 홀 서빙 경험은 있으세요? 혹시 이력서 가져오셨나요?

- Oh, have you ever served at a restaurant? Did you bring your resume? *Great job!*
- [Have you experienced any hall serving job?] Do you happen to bring your resume? *Keep practicing!*
  - ? Did

★ 동사 experience는 넓은 의미의 일반적인 경험에 대해 '겪다', '경험하다'란 의미입니다. 특정 분야에서 일해 본 경험은 have you ever served/worked ~?와 같이 직접적으로 물어볼 수 있습니다. 또는 Do you have (any) experience ~?, Have you got any experience ~?와 같이 명사 experience(경험)나 Are you experienced in ~?에서처럼 형용사 experienced(경험이 있는)를 사용하여 특정 직업이나 업무에 대한 경험을 구체적으로 묻습니다.

★ '홀 서빙'을 직역한 hall serving job은 잘 사용하지 않는 표현입니다. serving, serving tables, waiting, waiting tables, waitressing, waitering으로 표현하거나, waitress(여자 서버), waiter(남자 서버)로 표현하는 것이 자연스럽습니다.

- Oh, nice! Do you have any experience waiting tables? Do you have a resume with you by any chance?
- Awesome, have you ever worked at a restaurant? Did you happen to bring your resume?

네, 여기요. 커피숍이랑 호프집에서 일해 본 적이 있습니다.

- Yes, here you are. I've worked at the coffee shop and the pub.
  a *a*
  Almost there!

- Yes, here it is. I have worked at both a coffee shop and a bar. *Excellent!*

★ 물건을 건네줄 때 '여기요'라고 하는 표현은 here you go, here you are, here it is, right here 등이 있습니다. 여기서 특정 커피숍이나 호프집에서 일했다는 말이 아니므로, 정관사 the가 아닌 a를 사용해야 합니다.

★ 일해 본 경험은 과거부터 현재까지의 경험을 나타내는 현재완료형으로 말하거나, 현재 가지고 있는 경험을 기준으로 I have experience와 같이 현재형으로 표현할 수 있습니다.

🎙️ 원어민은 이렇게 말해

- Yes, here it is. I've worked at both a coffee shop and a pub before.

- Yup, here you go. I have experience working at a coffee shop and a bar.

276

저희는 최저 시급에 식사는 제공되는데요.
가능한 시간대는 어떻게 되나요?

- We pay minimum wage and provide a meal. [What time can you work?] *Nice try!*
- We are offering minimum wage, ~~per hour~~ plus ⌐a meal. When is your
  time slot available? *Keep practicing!* ‿ are you

★ '최저 시급'은 minimum wage라고 하고, 정확한 시급을 언급하지 않을 때 per hour는 생략합니다. '식사 제공'은 provide a meal, meals are provided로 표현하기도 하지만, 간단히 meals provided, meals included로 표현할 수 있습니다.

★ '가능한 시간대'를 묻는 질문으로 What time can you work?는 다소 다급한 느낌을 줄 수 있으므로, available hours 또는 availability로 표현하는 것이 자연스럽습니다. 또한 time slot은 보통 미리 정해진 시간대를 나타내서, 이제 일을 시작하려는 상황에 쓰기엔 적합하지 않습니다.

- We're offering minimum wage with meals included. <u>What are your available hours?</u>
- We offer minimum wage, and meals are provided. <u>What is your availability?</u>

전 주로 평일 저녁 시간에 일할 수 있습니다.

> *during*
> • I can usually work <u>at</u> weekday evenings. *Almost there!*
>
> • I can work mainly in the evening. *Nice try!*
>   *on weekdays*

★ '평일 저녁 시간'은 weekday evenings 또는 weekdays in the evening이라고 합니다. '평일 저녁 시간'에만 가능한 것을 강조하고 싶다면 on, 또는 기간을 나타내는 during(동안)과 함께 표현할 수 있습니다. 하지만 at은 '정확한 시간'을 가리킬 때 사용하며 weekday 앞에는 사용하지 않습니다.

🎤 원어민은 이렇게 말해

• I can usually work <u>during</u> weekday evenings.

• I can mainly work <u>on</u> weekdays in the evening.

그럼 다음 주 월요일부터 시작할 수 있나요?
6시부터 10시까지 어때요?

- Then can you start ~~to work~~ _working_ from next Monday? How about from 6 to 10? _Almost there!_

- Then, can you start ~~this job from~~ next Monday? Is it OK from 6 to 10? _Almost there!_

★ start 뒤에는 to부정사와 동명사 둘 다 올 수 있지만, 일을 시작할 수 있는지 물어볼 때는 보통 start working이라고 하거나, 더 간단하게 start만 사용해서 질문합니다. 부드럽게 제안할 때는 '~ 어때요?'라는 의미의 How about ~?, Does ~ work for you?, Would ~ be good for you? 로 표현할 수 있습니다.

- Great, could you start (working) next Monday? How about (from) 6 to 10?

- Perfect. How about starting from next Monday? Does 6 to 10 work for you?

- Are you available to start next Monday? Would 6 to 10 be good for you?

네, 괜찮습니다. 그럼 월요일에 뵐게요.

- That sounds good to me. I'll see you on Monday then. *Good job!*

- Yes, all right. See you on Monday. *Almost there!*
  That sounds great!

★ '괜찮습니다'는 '좋습니다'라는 의미로 Absolutely, (That) Sounds good to me, That sounds great, That works for me 등으로 표현할 수 있습니다.

- Absolutely, sounds good to me. I'll see you on Monday then!

- Yes, that works for me. I'll see you on Monday.

M Hi, I saw the job posting outside, and I came to apply.

F Awesome, have you ever worked at a restaurant?
Did you happen to bring your resume?

M Yes, here it is. I've worked at both a coffee shop and a pub before.

F We're offering minimum wage with meals included.
What are your available hours?

M I can usually work during weekday evenings.

F Perfect. How about starting from next Monday?
Does 6 to 10 work for you?

M Yes, that works for me. I'll see you on Monday.

DAY 28 퇴근 후 한잔 어때?

다음 대화를 오른쪽 페이지에 영작해 보세요. 우리말을 그대로 영어로 직역하기보다는 원어민이 이 상황에서 쓸 만한 문장으로 만들어 보세요. 사전을 활용해도 괜찮아요.

 오늘 퇴근 후 한잔할까?

 안 돼. 나 요즘 다이어트 하고 있어.

 더 뺄 곳이 어딨다고 다이어트야?

 옷 안으로 감춰진 살들이 많거든?

 이렇게 비 오는 날에는 해물 파전에 막걸리 한잔해야지?

 아, 갑자기 군침 도네. 그래, 다이어트는 내일부터 다시 하지 뭐.

282

📖 원어민 첨삭 확인하기

오늘 퇴근 후 한잔할까?

✏️ 학습자 영작 예시

- Would you like to go for a drink after work? *Great job!*

- How about having a drink after work? *Great job!*

★ '(술) 한잔하다'는 have a drink, grab a drink, go for a drink 등으로 표현할 수 있습니다. 상대방에게 의견을 물어보는 표현으로는 Would you like to ~?, Do you want to ~?, How about ~?, Are you up for ~? 등이 있습니다.

🎙️ 원어민은 이렇게 말해

- Would you like to grab a drink after work?

- Hey, (are you) up for a drink after work today?

안 돼. 나 요즘 다이어트 하고 있어.

- I can't. I'm on a diet ~~recently~~. *these days* *Nice try!*

- No, I am on a diet now. *Good job!*

★ '안 돼'라고 거절할 때는 직접적으로 no 또는 I can't로 말해도 되지만, 하고 싶지만 못하는 마음을 담아 I wish I could(그러고 싶지만) 또는 I'm tempted, but(당기긴 한데)로 말하면 좀 더 부드럽게 들립니다.

★ '다이어트를 하다'는 간단하게 be on a diet로 표현할 수 있고, 계속 다이어트를 해야 함을 강조할 때는 stick to a diet, keep to a diet 그리고 '다이어트 중'임을 나타내고 싶을 때는 in the middle of a diet로 표현할 수 있습니다.

- I wish I could, but I'm <u>currently</u> on a diet.

- I'm tempted, but nope, I gotta stick to a diet.

- No, I'm in the middle of a diet <u>now</u>.

더 뺄 곳이 어딨다고 다이어트야?

- You don't need to <u>go</u> on a diet. You're slim enough. *Almost there!*

  be

- I don't think you need to lose more weight. Why are you on a diet?

  Good job!

★ go on a diet는 '다이어트를 시작하다'란 의미로, 이미 다이어트를 진행 중인 상황에서는 be on a diet로 표현하는 것이 좋습니다. '어디에 더 뺄 곳'은 where else, where과 '(살을) 빼다'라는 의미의 lose (weight), shed (weight)와 함께 표현할 수 있습니다. 또한 '필요하다'라는 의미의 need to를 사용하여 그 의미를 강조할 수 있습니다.

★ seriously(진심으로), why bother(굳이 왜)를 사용하여 상대방의 말에 의아해하는 감정을 표현할 수 있습니다.

🎙️ 원어민은 이렇게 말해

- Where else is there to lose? Why bother with a diet?

- A diet? Is there really anything you need to lose?

- Seriously? Where else do you need to lose weight?

옷 안으로 감춰진 살들이 많거든?

- I have a lot of fat under my clothes. *Good job!*
- I have plenty of hidden flesh in my clothes. *Let's try again!*
  some ... fat under

★ '살들이 많다'는 have a lot of fat, (have) got some fat으로 표현할 수 있습니다. '감춰진'은 hidden이나 hide '숨다'로 표현할 수 있고, '몰래 숨어 있는 살'이란 의미의 sneaky fat으로 재밌게 표현할 수 있습니다. in my clothes는 옷 속에 들어 있는 것을 나타내므로, '옷 아래 (몸)'을 의미하려면 under를 사용해야 합니다.

★ flesh는 인체의 한 조직으로 '살'이나 '육체'를 의미하고, fat은 원래 '지방'을 의미하지만, 살찐 사람의 경우 '체지방'이 많으므로 사람의 '살'을 의미하기도 합니다. 그리고 몸의 체지방은 셀 수 없는 명사로, 우리말로 '살들'이라고 하더라도 단수 형태인 fat을 사용합니다.

원어민은 이렇게 말해

- I have a lot of fat hidden <u>under</u> my clothes.
- There are these sneaky fats hiding <u>under</u> my clothes, you know?

이렇게 비 오는 날에는 해물 파전에 막걸리 한잔해야지?

- I can't help having makegeolli and haemul-pajeon ~~in~~ ^{on} rainy days.
  Almost there!

- On a rainy day like today, [it's a good choice] to have a glass of rice wine with a seafood and green onion pancake. *Nice try!*

★ '비 오는 날'은 rainy day 또는 gloomy day(어둑어둑한 날), drizzly weather(비가 부슬부슬 내리는 날)로 표현할 수 있고, 특정한 날 앞에 오는 전치사 on과 함께 사용합니다.

★ I can't help [동명사]는 '~을 참을 수 없어'라는 의미로 습관이나 행동을 억제할 수 없음을 강조하는 표현이죠. 이를 I can't help but [동사]로도 표현할 수 있습니다. 술 한잔하자고 권하는 상황에서 '좋은 선택이다(It's a good choice)'라고 단정짓듯이 말하는 것은 어색하게 들립니다. 따라서 좀 더 부드럽게 we should(해야지) 또는 sound perfect(딱이다)와 같은 표현을 써서 말하는게 좋습니다.

★ '해물 파전'은 이름 그대로 haemul pajeon이나 seafood scallion pancake, seafood green onion pancake으로 표현할 수 있고, '막걸리'는 makgeolli나 Korean rice wine으로 표현할 수 있습니다.

🎙️ 원어민은 이렇게 말해

- On a rainy day like this, we <u>should</u> have seafood scallion pancake with makgeolli.

- Seafood scallion pancakes with makgeolli <u>sound perfect</u> for a gloomy day like this.

아, 갑자기 군침 도네. 그래, 다이어트는 내일부터 다시 하지 뭐.

- Ah, it makes my mouth water. Okay, I'll go~~back~~ on a diet again from tomorrow. *Almost there!*
- Oh, my mouth is watering suddenly. Yeah, the diet ~~starts~~ restarts from tomorrow. *Almost there!*

★ '군침이 돌다'는 my mouth is watering, [무엇] make my mouth water와 같이 표현할 수 있습니다.

★ '(다이어트를) 시작하다'란 말은 go on, start로 표현하지만, '다시 하다'란 말은 be/get back on track(다시 제자리로 돌아오다), get back to(~로 돌아가다), resume(다시 시작하다)로 표현할 수 있습니다.

★ '내일부터'는 from tomorrow로 표현할 수 있지만, '다시 시작하다'라는 의미를 강조할 때는 from을 생략하고 tomorrow로 표현하는 것이 자연스럽습니다.

🎙️ 원어민은 이렇게 말해

- Oh, now you're making my mouth water. Alright, I'll get back on track tomorrow.
- Oh, that sounds so tempting. Okay, I'll resume my diet tomorrow.

Step 1 | 한 문장씩 구간 반복해서 들으며 동시에 따라 말해 보세요.
Step 2 | 한 문장씩 듣고 일시 정지한 다음, 그대로 흉내 내어 말해 보세요.

M Hey, are you up for a drink after work today?

F I wish I could, but I'm currently on a diet.

M Where else is there to lose? Why bother with a diet?

F There are these sneaky fats hiding under my clothes, you know?

M On a rainy day like this, we should have seafood scallion pancake with makgeolli.

F Oh, now you're making my mouth water. Alright, I'll get back on track tomorrow.

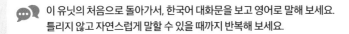

이 유닛의 처음으로 돌아가서, 한국어 대화문을 보고 영어로 말해 보세요.
틀리지 않고 자연스럽게 말할 수 있을 때까지 반복해 보세요.

Chapter 5
쇼핑, 외식

DAY 29 화초 구입

다음 대화를 오른쪽 페이지에 영작해 보세요. 우리말을 그대로 영어로 직역하기보다는 원어민이 이 상황에서 쓸 만한 문장으로 만들어 보세요. 사전을 활용해도 괜찮아요.

 공기 정화 식물 어떤 게 있나요?

 이 산세베리아(snake plant)가 공기 정화에 좋아요.
뱀과 비슷한 모양을 하고 있어서 붙여진 이름이죠.

 이건 물을 얼마나 자주 줘야 하나요?
저는 화초를 키우기만 하면 금방 말라 죽어서요.

 물은 일주일에 한 번씩 주세요. 관리가 어려운 식물은 아니에요.

 다행이네요. 얼마예요?

 화분 포함해서 2만 원이에요.

 아, 지금 18,000원뿐인데, 2천 원만 깎아 주실 수 있을까요?

 네, 그럴게요. 이 화초는 빛을 많이 받지 않아도 잘 자라요.

📝 영작하기

공기 정화 식물 어떤 게 있나요?

✏️ 학습자 영작 예시

- What kind of <u>air purification plant</u> do you have? *Almost there!*
- What kind of air-purifying plants do you have? *Excellent!*

★ '공기 정화'는 air purification으로 표현하지만, '공기 정화 식물'은 형용사 air-purifying과 plant(s)를 함께 사용하여 air-purifying plants로 표현하는 것이 명확합니다.

★ '어떤 게 있나요?'는 What kind of [식물] do you have ~?, What [식물] do you have?, What [식물] do you carry?로 표현할 수 있습니다.

🎤 원어민은 이렇게 말해

- What kind of <u>air-purifying plants</u> do you have?

- What air-purifying plants do you have?

이 산세베리아(snake plant)가 공기 정화에 좋아요.
뱀과 비슷한 모양을 하고 있어서 붙여진 이름이죠.

✏️ 학습자 영작 예시

- This snake plant is good for air purification. [It's named like that because it looks like a snake.] *Let's try again!*

- This snake plant is good for air purification. [It is named because it is similar to a snake.] *Let's try again!*

★ '공기 정화에 좋다'는 be good for, be great for, be beneficial for와 air purification을 함께 사용하여 표현하거나 helps purify the air, improves air quality로 표현할 수 있습니다.

★ 무엇과 모양이 비슷해서 그것의 이름을 따서 이름 짓는 경우에는 be named for, 또는 풀어서 got its name because로 표현할 수 있습니다.

★ '~와 비슷한 모양을 하다'는 look like [모양]으로 표현하기도 하지만, [명사]-like appearance, [명사]-like look과 같이 간단히 표현할 수도 있습니다.

🎙️ 원어민은 이렇게 말해

- This snake plant is great for air purification. It's <u>named for</u> its snake-like appearance.

- This snake plant improves air quality. and <u>got its name because</u> it kinda looks like a snake.

이건 물을 얼마나 자주 줘야 하나요?
저는 화초를 키우기만 하면 금방 말라 죽어서요.

- How often should I water this? Every time ~~when~~ I grow plant, *they get* it ~~gets~~ dry and die. *Nice try!*

- How often do you ~~usually~~ water this? Whenever I grow plants, they dry out and die soon. *Almost there!*

★ '말라 죽다'는 dry out and die 또는 get dry and die로 영작할 수 있지만, '식물을 살려 놓지 못한다'라는 의미의 can't keep the plants alive와 같이 표현하는 것이 자연스럽습니다. 또는 '화초를 잘 죽이는 사람'은 black thumb, '화초를 잘 키우는 금손'은 green thumb으로 표현할 수 있습니다. 이는 '~에 있어서'라는 의미의 when it comes to [명사/동명사]와 함께 표현할 수 있습니다.

★ every time은 이미 어떤 사건이나 행동이 일어날 때를 나타내기 때문에 when을 추가로 사용할 필요가 없습니다.

- How often should I water this? I struggle to keep my plants alive.

- How often do I need to water this? I'm a black thumb when it comes to plants.

물은 일주일에 한 번씩 주세요. 관리가 어려운 식물은 아니에요.

- You need to water it once a week. This one is not that difficult to grow. *Good job!*

- I water it once a week, It's not a plant that's hard to take care of. *Good job!*

★ '일주일에 ~번'은 once, twice, three times... a week과 같이 표현합니다.

★ '~하기 어렵다'는 difficult to ~ 또는 hard to ~라고 합니다. 식물을 '키우다, 가꾸다'란 표현에는 grow, take care of, care for, maintain(관리하다) 등이 있습니다. 또한 high-maintenance(세심한 관리가 필요한), low-maintenance(관리하기 쉬운)로 관리의 어려움과 쉬움을 표현할 수 있습니다.

- Just water it once a week. It's pretty low-maintenance.

- You can water it once a week, and it's quite easy to maintain.

다행이네요. 얼마예요?

- <u>That's a relief.</u> How much is it? *Nice try!*
- I am happy to hear that. How much is it? *Great job!*

★ That's a relief.는 걱정이나 불안이 해소됐을 때 쓰는 안도의 표현으로, 여기서는 캐주얼하게 Awesome. That's great to hear. 등으로 기쁨을 표현하는 것이 좋습니다.

🎤 원어민은 이렇게 말해

- Awesome! How much does it cost?
- That's good to hear. How much is it?

 화분 포함해서 2만 원이에요.

✏️ 학습자 영작 예시

- Twenty thousand won, including the pot. *Good job!*
- It's 20,000 won, including <u>a</u> pot. *Almost there!*
  the

★ '~가 포함된'은 including [명사], [명사] included로 표현합니다. 두 독립적인 구문 20,000 won과 including the pot은 쉼표로 나누어 이해하기 쉽고 명확하게 표현하는 것이 좋습니다.

🎤 원어민은 이렇게 말해

- It's twenty thousand won, pot included.
- It's 20,000 won, including <u>the</u> pot.

아, 지금 18,000원밖에 없는데, 2천 원만 깎아 주실 수 있을까요?

- All I have is eighteen thousand. Could you knock off two thousand won? *Good job!*
- I have only 18,000 won now. [I hope you cut me 2,000 won.]
  Could you cut 2,000 won for me?

★ 부탁을 하는 상황에 I hope는 어울리지 않기 때문에 Would you be able to ~?, Can you ~?, Could you ~?, I was wondering if ~? 등을 사용하여 '~할 수 있을까요?'로 표현하는 것이 자연스럽습니다.

'깎아 주다'를 나타내는 표현

- knock off [깎는 금액]
- cut (off) [깎는 금액]
- give me a discount of [깎는 금액]
- discount it by [깎는 금액]
- take off [깎는 금액]
- cut the price by [깎는 금액]
- offer a discount of [깎는 금액]
- lower the price by [깎는 금액]

🎙️ 원어민은 이렇게 말해

- Actually, I only have eighteen thousand (won) on me right now. Could you knock off 2,000 won?

- Oh, I only have 18,000 won right now. I was wondering if you could give me a discount of 2,000 won.

네, 그럴게요. 이 화초는 빛을 많이 받지 않아도 잘 자라요.

- No problem. This plant grows well without much light. *Excellent!*

- Yes, I will. This plant doesn't need much light. *Good job!*

★ '빛'은 light이지만, 이 문맥에서는 '햇빛'을 의미하는 sunlight으로 표현할 수도 있습니다. '빛을 많이 받지 않는'은 without much light, with less light, with low light, with minimal light, in the shade(그늘에서)로 표현할 수 있습니다. '(식물이) 잘 자라다'는 grow well, thrive well로 표현할 수 있습니다.

🎤 원어민은 이렇게 말해

- Sure, no problem. This plant grows well without a lot of sunlight.

- Sure, I can do that. This plant thrives well with minimal light.

Step 1 | 한 문장씩 구간 반복해서 들으며 동시에 따라 말해 보세요.
Step 2 | 한 문장씩 듣고 일시 정지한 다음, 그대로 흉내 내어 말해 보세요.

F What kind of air-purifying plants do you have?

M This snake plant is great for air purification. It's named for its snake-like appearance.

F How often should I water this? I struggle to keep my plants alive.

M Just water it once a week. It's pretty low-maintenance.

F That's good to hear. How much is it?

M It's 20,000 won, including the pot.

F Actually, I only have eighteen thousand on me right now. Could you knock off 2,000 won?

M Sure, I can do that. This plant thrives well with minimal light.

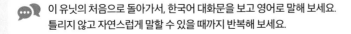 이 유닛의 처음으로 돌아가서, 한국어 대화문을 보고 영어로 말해 보세요.
틀리지 않고 자연스럽게 말할 수 있을 때까지 반복해 보세요.

DAY 30 노트북 구입 문의

다음 대화를 오른쪽 페이지에 영작해 보세요. 우리말을 그대로 영어로 직역하기보다는 원어민이 이 상황에서 쓸 만한 문장으로 만들어 보세요. 사전을 활용해도 괜찮아요.

 안녕하세요. 여기 노트북 반품 기간이 어떻게 되나요?

 안녕하세요! 구매 15일 이내에 영수증이나 구매 확인서 가져오시면 반품하실 수 있어요.

 사용하다가 고장이 아니라 단순히 맘에 안 드는 경우에도 반품 가능한가요?

 물론이죠, 사용자가 제품을 망가뜨린 경우가 아니라면요.

 아, 다행이네요. 고장이 아니더라도 발열이나 소음이 심한 경우도 있어서요.

 맞아요. 노트북은 직접 사용해 봐야 제대로 알 수 있죠. 그래서 저희는 15일 이내엔 무조건 반품이 가능합니다.

📝 영작하기

안녕하세요. 여기 노트북 반품 기간이 어떻게 되나요?

✏️ 학습자 영작 예시

- Hi, how long is the <u>returnable period</u>? *Nice try!*
  return period

- Hello, <u>how long</u> can I return laptop here? *Nice try!*
  until when

★ '반품 기간'은 보통 return period, refund period라고 합니다. 또한 반품, 교환 등과 관련한 '환불 정책'은 return policy라고 합니다.

★ 반품 기간을 묻는 질문으로 How long can I ~?는 어색하고, How long do I have ~?(~할 수 있는 기간이 얼마나 되나요?) 또는 Until when can I ~?(언제까지 ~할 수 있나요?)로 표현할 수 있습니다. 또한 just curious나 just wondering을 넣어서 말하면, 너무 직접적이지 않고 부드러운 뉘앙스의 질문이 됩니다.

🎤 원어민은 이렇게 말해

- Hi, (I was) just wondering, how long do I have to return laptops?

- Hi, (I'm) just curious, what's your <u>return policy</u> for laptops here?

안녕하세요! 구매 15일 이내에 영수증이나 구매 확인서 가져오시면 반품하실 수 있어요.

- Hi, you can return the product ~~in~~ *within* 15 days with the receipt or proof of purchase. *Almost there!*

- Hello. If you bring a receipt or purchase confirmation within 15 days of purchase, you can return it. *Good job!*

★ '며칠 이내에 반품할 수 있다'를 직역해서 표현할 수도 있지만, '반품 기간'을 강조해서 You have ~ days to ~와 같이 표현하면 더 좋습니다.

★ in ~ days는 정확히 '~일째 되는 날'만 반품이 가능하다는 의미로 해석될 수 있습니다. 따라서 '~일 이내에 언제든'이란 의미가 되도록, 시간 범위를 나타내는 within ~ days로 표현하는 것이 명확합니다.

★ '~을 가져오다'는 bring [목적어]로 표현하기도 하지만, '필요할 때 손쉽게 사용할 수 있도록 이용 가능한 위치에 두다'라는 의미의 keep [목적어] handy로 자연스럽게 표현할 수 있습니다.

- Hello! You have 15 days to return it with the receipt or proof of purchase.

- Hi, you have 15 days from the purchase date to return it. Just keep your receipt or proof of purchase handy.

> 사용하다가 고장이 아니라 단순히 맘에 안 드는 경우에도
> 반품 가능한가요?

- Can I return it <u>even though</u> it's not broken after using it? *Almost there!*
  (*even if*)

- Can I return it even if I just change my mind, not if it breaks down while using it? *Almost there!*
  (*only if*)

★ '고장 난'이란 표현에는 broken, defective(결함이 있는), malfunctioning(오작동하는), technical problems(기술적인 문제), break down(고장 나다) 등이 있습니다.

'제품이 단순히 맘에 안 드는 경우'에 쓰는 표현

- I just changed my mind.
- It's not to my liking.
- It's not a perfect fit.
- I don't like it.
- It's not a good fit.
- It's not what I was hoping for.

★ even though는 이미 일어난 일이나 사실에 대해 '비록 ~이지만'이라고 할 때 쓰고, even if는 아직 일어나지 않은 일이나 불확실한 일을 가정해서 '비록 ~더라도'란 의미로 씁니다. 이 문맥에는 '고장 나지 않고 단순 변심이더라도'를 가정해서 말하는 것이므로 even if를 쓰는 것이 맞습니다. 또한 미래에 생길 수도 있는 일을 가정해서 결과를 묻는 경우에는 What if ~?(만약 ~라면?)을 써서 말할 수 있습니다.

- Can I return it <u>even if</u> there are no technical problems, just because I don't like it?

- <u>What if</u> it's not actually broken but simply not to my liking? Can I still return it?

물론이죠, 사용자가 제품을 망가뜨린 경우가 아니라면요.

- Sure, unless you broke it. *Almost there!*

- Sure, unless you have broken it. *Almost there!*

★ '~한 경우가 아니라면'은 unless(~하지 않는 한), as long as(~하는 한), only if(~해야만)로 표현할 수 있고, '망가뜨리다'란 표현에는 break, damage가 있습니다.

★ 이 문장에서는 you 대신, customer(손님)를 써서 말하고, 사람을 주어로 하는 것보다는 제품을 주어로 하는 수동태로 말하는 것이 더 자연스럽고 공손하게 들립니다.

- Totally, as long as the product is not damaged by <u>the customer</u>.

- Yes, but only if the product is not damaged by <u>the customer</u>.

아, 다행이네요. 고장이 아니더라도
발열이나 소음이 심한 경우도 있어서요.

- Oh, that's good to hear. Laptops sometimes get too hot or too noisy even though it's not broken. *Almost there!*
  - even if
- Oh, I am relieved to hear that. I mean, such cases as severe noise or heat, If it has not broken. *Let's try again!*
  - even if it is

★ '발열'은 overheat, overheating, excessive heat, '소음이 심한'은 loud, very noisy, excessively noisy, '과도한 소음'은 excessive noise, '소음을 많이 내다'는 make a lot of noise 등으로 표현할 수 있습니다.

★ I am relieved는 스트레스, 걱정, 불안 등이 해소되었을 때 쓰는 안도의 표현으로, 이 맥락에서는 좀 더 캐주얼하게 Awesome, Great, Nice, That's good to hear과 같이 기쁨을 표현하는 것이 자연스럽습니다.

★ '~한 경우'는 such cases as [명사], cases such as [명사], in cases of [명사], cases where [주어+동사], things like [명사], instances of [명사]와 같이 표현할 수 있습니다. 어떤 특정한 상황에 대한 걱정이나 불안, 특히 과거의 감정은 I was worried, I was concerned로 표현할 수 있습니다.

- Awesome. I was concerned about things like excessive noise or overheating, even if it's not defective.

- Nice! Even if it's not broken, there are cases where it overheats or makes a lot of noise, so I was worried.

맞아요. 노트북은 직접 사용해 봐야 제대로 알 수 있죠.

🖊 학습자 영작 예시

- Yes, <u>they are.</u> You <u>can't</u> *won't* know how the laptop works <u>unless</u> *until* you use it.
- You are right. [A laptop quite necessary to try by yourself] [for the
  Trying a laptop yourself is quite necessary
  full knowledge about it.]

★ 대답할 때는 앞서 언급한 [주어+동사]와 일치하게 대답해야 하므로 Yes, they are은 적절하지 않습니다. '알 수 없다'로 영작된 can't know는 일반적인 불가능함을 나타내지만, 이 맥락에서는 미래 상황에 대한 예측을 나타내는 won't know로 표현하는 것이 적절합니다.

★ 이 문맥에서는 unless you use it(노트북을 사용하지 않는 한)이라고 가정해서 말하는 것보다 until you use it(노트북을 써 보기 전까지는), without using it(노트북을 써 보지 않으면)으로 표현하는 것이 명확하고 자연스럽습니다.

★ '직접 사용해 보다'는 try it yourself, give it a try, give it a spin, use it yourself, test it out yourself, experience it yourself와 같이 표현할 수 있습니다. for the full knowledge about it은 어색한 직역으로 '제대로 알기 위해서'란 의미로는 to fully understand it 또는 to get the feel of it이라고 하는 것이 자연스럽습니다. 그리고 '직접 사용해 보는 테스트'라는 의미의 hands-on test로 간단히 표현할 수도 있습니다.

🎙 원어민은 이렇게 말해

- Absolutely! We understand that <u>you need a hands-on test.</u>

- Totally! You gotta give it a spin to really <u>get the feel of it.</u>

그래서 저희는 15일 이내엔 무조건 반품이 가능합니다.

- That's why we accept <u>the return in</u> 15 days <u>unconditionally</u>.
  returns within
- That's why I <u>am willing to give</u> my customer an unconditional return
  offer　　　　　　　　^s
  within 15 days.

★ unconditionally는 완전히 신뢰하고 지지할 때 '조건 없이 절대적으로'란 의미로 쓰는 단어입니다. 하지만 '따지는 것 없이 무조건' 반품이 가능하다고 할 때는 no questions asked 또는 without any conditions, with no strings attached 등의 표현을 써서 말합니다.

★ 반품이 가능하다는 말을 마치 선심을 쓰듯이 I'm willing to로 말하는 것은 어색합니다. 어떤 환불 정책을 제공한다는 말은 give보다 offer를 쓰는 게 자연스럽습니다.

🎤 원어민은 이렇게 말해

- That's why we <u>offer</u> a 15-day return policy, <u>no questions asked</u>.
- You've got 15 days to return it with <u>no strings attached</u>.

Step 1 | 한 문장씩 구간 반복해서 들으며 동시에 따라 말해 보세요.
Step 2 | 한 문장씩 듣고 일시 정지한 다음, 그대로 흉내 내어 말해 보세요.

F Hi, just curious, what's your return policy for laptops here?

M Hello! You have 15 days to return it with the receipt or proof of purchase.

F What if it's not actually broken but simply not to my liking? Can I still return it?

M Totally, as long as the product is not damaged by the customer.

F Awesome. I was concerned about things like excessive noise or overheating, even if it's not defective.

M Absolutely! We understand that you need a hands-on test. That's why we offer a 15-day return policy, no questions asked.

💬 이 유닛의 처음으로 돌아가서, 한국어 대화문을 보고 영어로 말해 보세요.
틀리지 않고 자연스럽게 말할 수 있을 때까지 반복해 보세요.

교환, 환불

다음 대화를 오른쪽 페이지에 영작해 보세요. 우리말을 그대로 영어로 직역하기보다는 원어민이 이 상황에서 쓸 만한 문장으로 만들어 보세요. 사전을 활용해도 괜찮아요.

안녕하세요. 며칠 전에 이 니트를 샀는데요.
한 치수 큰 걸로 바꿀 수 있을까요?

네, 입지 않고 가격표 붙어 있는 상태로 가져오신 거죠?

네, 니트는 세탁하면 좀 줄어드니까 S보다 M이 나을 것 같아서요.

잠시만요. 한번 확인해 볼게요.

(잠시 후)

지금 M사이즈가 재고가 없는데요. 어떻게 하시겠어요?

아, 그럼 환불할 수 있을까요?

네, 영수증이랑 결제하셨던 카드 주시겠어요?

📝 영작하기

안녕하세요, 며칠 전에 이 니트를 샀는데요.
한 치수 큰 걸로 바꿀 수 있을까요?

✏️ 학습자 영작 예시

- Hi, I bought this sweater the other day. Can I change it to a bigger one? *Almost there!*
- Hello, I bought this knit (sweater) a few days ago. Can I change it to a size larger? *Almost there!*

★ 영어 knit는 '옷을 뜨다', '뜨개질로 짜다'라는 뜻으로, 털실로 짠 상의는 보통 sweater라고 합니다.

★ 물건이나 서비스를 교환할 때는 change to 또는 exchange for로 표현합니다. 반면, 환전이나 포인트 등 다른 형태로 바꾸는 것은 I want to exchange Korean won to dollars. 또는 I exchanged my reward points to a gift card.와 같이 exchange to를 사용합니다.

★ '한 치수 큰 거'는 a size bigger, a size larger, a bigger size, a larger size, a size up과 같이 표현하며, a 대신 one으로 대체할 수 있습니다. 그리고 Can I 대신 I was wondering if(~인지 궁금해서요)로 좀 더 조심스럽게 물어볼 수도 있습니다.

🎙️ 원어민은 이렇게 말해

- Hi, I bought this sweater the other day, and I was wondering if I could exchange it for a size bigger.
- Hi, I recently bought this sweater. Can I exchange it for a larger size?

네, 입지 않고 가격표 붙어 있는 상태로 가져오신 거죠?

haven't worn　　　　*haven't removed*
- Sure. You <u>didn't wear</u> it and <u>didn't remove</u> the tag, right?

- Yes. You brought it with <u>your</u> tag on without <u>using</u> it, didn't you?
　　　　　　　　　　　the　　　　　　　　　*wearing*

★ '입지 않았다', '제거하지 않았다'는 '~한 적이 있다/없다'라는 현재완료형이 어울립니다. '입지 않은'은 without wearing으로 표현할 수 있고, 더 간단히 new, not worn, unworn이라고 해도 됩니다. '택이 붙어 있는'은 with the tag (attached), the tag on이라고 합니다.

🎙️ 원어민은 이렇게 말해

- No problem. You brought it <u>without wearing</u> it and with the tag still on, right?

- Of course, as long as it's <u>still new</u> with the tag (attached).

> 네, 니트는 세탁하면 좀 줄어드니까
> S보다 M이 나을 것 같아서요.

- Yes, sweaters shrink after the washing. So, I guess M seems to be *think* *would* better than S. *Nice try!*

- Yes, a knit shrinks a little bit after being washed, so I want to exchange S size into M. *Let's try again!* *washing* *for*

★ '세탁하면'은 after washing, when washed, in the wash로 표현할 수 있으며, 이 문맥에서는 '(~하는) 경향이 있다'란 뜻의 tend to와 함께 쓰면 자연스러운 표현이 됩니다.

★ I guess ~ seems to be(아마도~인 것 같다)는 확신이 없는 추측을 나타내는데, 지금처럼 니트가 줄어든다고 이미 생각한 경우에는 어울리지 않습니다. 이때는 좀 더 직접적이고 확신에 찬 I think와 함께 would be나 be를 사용하여 M would be better than S, M would be a better fit than S, M is better size than S, size M is better than size S와 같이 명확하게 표현하는 것이 좋습니다.

★ s, m, l과 같은 사이즈 약어는 소문자 또는 대문자 둘 다 표기 가능합니다. 특정한 사이즈를 강조할 때는 관사와 함께 쓰지만, 생략하는 것이 일반적입니다.

★ exchange into는 무엇을 다른 형태로 바꾼다는 의미로, 같은 종류의 물건을 다른 사이즈로 교환할 때는 exchange for로 표현합니다.

- Yes, I think M would be better than S since sweaters tend to shrink a bit after washing.

- Yes, sweaters shrink a bit in the wash, so I think size M is better than size S.

잠시만요. 한번 확인해 볼게요.

- One moment. Let me check the stock. *Excellent!*

- Hold on. I will check. *Good job!*

★ '잠시만요'란 표현에는 One moment, Just a moment, Hold on, Wait a minute 등이 있습니다.(Day 23 참고)

★ '재고가 있는지 확인하다'는 check the stock (for you), check if it's in stock, check if we have it stock과 같이 표현할 수 있습니다. 간단히 I'll check for you. 또는 Let me check for you.라고 할 수도 있습니다.

- Just a moment, please. Let me check our stock for you.

- Could you hold on for a second? Let me check real quick.

지금 M사이즈가 재고가 없는데요. 어떻게 하시겠어요?

- I'm afraid we don't have ⌐the M size for that. How would you like?
- I don't have ⌐the M size in stock right now, and so <u>what do you want?</u> to proceed

★ 특정한 사이즈를 강조할 때는 사이즈 앞에 정관사 the를 사용하여 the M size와 같이 표현합니다.

★ '어떻게 하시겠어요?'는 What would you like to do? 또는 How would you like to proceed?(어떻게 진행하시겠어요?)로 표현할 수 있습니다. 고객에게 What do you want?라고 선택을 강요하듯 말하는 것은 무례하게 들리기 때문에 주의해야 합니다.

★ '재고'는 stock, '재고가 있는'은 in stock, '재고가 없는'은 out of stock, sold out, not in stock이라고 합니다.

- Sorry, but we are out of the M size. <u>What would you like to do?</u>
- The M size is currently out of stock. <u>How would you like to proceed?</u>

아, 그럼 환불할 수 있을까요?

- Oh, can I get a refund then? *Great job!*

- Then, can I get a refund? *Great job!*

★ '환불을 받다'는 get a refund, give [사람] a refund로 표현합니다.

- Oh, then could you give me a refund?

- Oh, may I get a refund then?

네, 영수증이랑 결제하셨던 카드 주시겠어요?

- Okay, can I have the receipt and the credit card you used for this?

  Great job!

- Sure, please give me the receipt and the credit card you <u>paid for</u>?

  used for payment

★ '결제했던 카드'는 the card you used와 for payment, to pay, to make the purchase를 함께 사용하여 표현할 수 있습니다. pay for ~는 '~의 값을 지불하다'란 뜻으로 이 문맥에는 적절하지 않습니다.

🎙️ 원어민은 이렇게 말해

- Yes, absolutely. Can I see your receipt and the card you <u>used for payment?</u>

- Sure, may I have your receipt and the card you <u>used to pay?</u>

Step 1 | 한 문장씩 구간 반복해서 들으며 동시에 따라 말해 보세요.
Step 2 | 한 문장씩 듣고 일시 정지한 다음, 그대로 흉내 내어 말해 보세요.

F Hi, I bought this sweater the other day, and I was wondering if I could exchange it for a size bigger.

M Of course, as long as it's still new with the tag.

F Yes, I think M would be better than S since sweaters tend to shrink a bit after washing.

M Just a moment, please. Let me check our stock for you.

(A moment later)

M Sorry, but we are out of the M size. What would you like to do?

F Oh, then could you give me a refund?

M Yes, absolutely. Can I see your receipt and the card you used for payment?

💬 이 유닛의 처음으로 돌아가서, 한국어 대화문을 보고 영어로 말해 보세요.
틀리지 않고 자연스럽게 말할 수 있을 때까지 반복해 보세요.

DAY 32 놓고 간 물건 찾기

다음 대화를 오른쪽 페이지에 영작해 보세요. 우리말을 그대로 영어로 직역하기보다는 원어민이 이 상황에서 쓸 만한 문장으로 만들어 보세요. 사전을 활용해도 괜찮아요.

 저기, 좀 전에 우산을 두고 나왔는데요. 혹시 못 보셨나요?
제가 앉았던 자리에 가 봤는데 없어서요.

 아, 어떤 우산인가요?

 검은색 3단 우산이요.

 잠시만요. 한번 확인해 볼게요.

(잠시 후)

 혹시 이 우산 맞나요?

 네, 맞아요. 감사합니다! 비만 그치면 우산을 깜박하네요.

📝 영작하기

저기, 좀 전에 우산을 두고 나왔는데요. 혹시 못 보셨나요?
제가 앉았던 자리에 가 봤는데 없어서요.

✏️ 학습자 영작 예시

- Excuse me. I just left my umbrella here. Have you seen it? I've been
to the seat *where* I was sitting, but there wasn't. *Let's try again!*
                              it wasn't there
- I left my umbrella over there a while ago. *Have* Haven't you seen it? I have
been there already, but I couldn't find it. *Almost there!*

★ '없어서요'란 의미로 영작된 there wasn't는 무엇이 없었는지 명확하지 않기 때문에 it wasn't there로 표현하는 것이 적절합니다.

★ Haven't you seen it?은 따지는 듯한 느낌이 들기 때문에 Have you seen it? 또는 Did you see it?과 같이 긍정 의문문으로 묻는 것이 좋습니다. 또한 '혹시 ~하다'란 의미의 happen to와 함께 쓰면 좀 더 부드러운 문장이 됩니다.

★ '가 봤다'란 말은 check, look around로 표현할 수 있고, '앉았던 자리'는 my seat 또는 where I was sitting이라고 할 수 있습니다.

🎙️ 원어민은 이렇게 말해

- Excuse me, I left my umbrella here earlier. Did you happen to see it?
  I checked where I was sitting, but it wasn't there.

- Hi, I left my umbrella over there a while ago. Have you seen it? I've
  already looked around my seat, but I couldn't find it.

아, 어떤 우산인가요?

- Oh, what kind of umbrella is it? *Excellent!*

- Well, what kind of umbrella is it? *Excellent!*

★ 어떤 물건인지 물을 때는 kind를 써서 종류를 물어보거나, look like를 써서 어떻게 생긴 물건인지 물어볼 수 있습니다.

🎙️ 원어민은 이렇게 말해

- Oh, what kind of umbrella is it?

- Oh, what does it look like?

검은색 3단 우산이요.

- Black foldable umbrella. *Good job!*
- It is a black, 3-stage one. *Almost there!*
  fold

★ '접이식 우산'은 folding(접이식), foldable(접을 수 있는), fold-up(접을 수 있는), portable(휴대용), 2-fold(2단), 3-fold(3단) 등과 umbrella를 함께 사용하여 표현할 수 있습니다. stage는 단계나 수준을 니디'낼 때 주로 사용하며, 우산의 '단'을 표현할 때는 사용하지 않습니다. '장우산'은 straight, long, golf와 umbrella를 함께 써서 표현합니다.

원어민은 이렇게 말해

- A black 3-fold umbrella.
- It's a black three-fold umbrella.

잠시만요. 한번 확인해 볼게요.

✏️ 학습자 영작 예시

- One moment. Let me check if we have it. *Great job!*

- Just a minute. Let me check. *Great job!*

★ 여기서 '(있는지) 확인하다'는 check (for you), check on that, see if we have it, see if I can find it 등으로 표현할 수 있습니다.

🎙️ 원어민은 이렇게 말해

- Just a moment. I'll see if I can find it.

- Give me a second. Let me check for you.

 혹시 이 우산 맞나요?

✏️ 학습자 영작 예시

- Is this your umbrella? *Great job!*

- <u>Maybe is this</u> the umbrella you are <u>looking of</u> now? *Let's try again!*
      ?   looking for

★ 부사 maybe 뒤에 is가 오는 것은 문법적으로 맞지 않고, Maybe this is가 올바릅니다.

🎙️ 원어민은 이렇게 말해

- Is this umbrella yours?

- Is this the umbrella you are <u>looking for</u>?

네, 맞아요. 감사합니다! 비만 그치면 우산을 깜박하네요.

- Yes, it is. Thank you! I forget <u>the</u> umbrella whenever the rain stops.
  my

  Almost there!

- Yes, that's right. Thank you! I <u>have a habit to</u> forget my umbrella
  tend to

  <u>after</u> it stops <u>to rain</u>.
  when   *raining*

★ 특정 우산을 가리키는 the umbrella가 아니라, '자기 우산'이라는 의미에서 my umbrella로 표현하는 것이 자연스럽습니다. 또한 have a habit to [동사]는 어색한 표현으로, have a habit of [동명사] 또는 '~하는 경향이 있다'라는 의미의 have a tendency to나 tend to로 표현하는 것이 자연스럽습니다.

★ after it stops to rain은 '비가 오는 것을 그친 후에'로 해석되는 어색한 영작입니다. '비가 그치면'은 when the rain stops, when it stops raining으로 표현하는 것이 자연스럽습니다.

- Yes, that's the one. Thanks a lot! I always forget <u>my umbrella</u> when the rain stops.

- Yes, that's it. Thank you! I <u>tend to</u> forget my umbrella <u>when</u> it stops <u>raining</u>.

Step 1 | 한 문장씩 구간 반복해서 들으며 동시에 따라 말해 보세요.
Step 2 | 한 문장씩 듣고 일시 정지한 다음, 그대로 흉내 내어 말해 보세요.

M Excuse me, I left my umbrella here earlier. Did you happen to see it? I checked where I was sitting, but it wasn't there.

F Oh, what kind of umbrella is it?

M It's a black three-fold umbrella.

F Just a moment. I'll see if I can find it.

(A moment later)

F Is this umbrella yours?

M Yes, that's it. Thank you! I tend to forget my umbrella when it stops raining.

💬 이 유닛의 처음으로 돌아가서, 한국어 대화문을 보고 영어로 말해 보세요.
틀리지 않고 자연스럽게 말할 수 있을 때까지 반복해 보세요.

DAY 33 정신없는 레스토랑

다음 대화를 오른쪽 페이지에 영작해 보세요. 우리말을 그대로 영어로 직역하기보다는 원어민이 이 상황에서 쓸 만한 문장으로 만들어 보세요. 사전을 활용해도 괜찮아요.

 저기요, 옆 테이블은 저희보다 늦게 주문한 음식이 먼저 나왔는데요. 저희 것은 언제 나와요?

 잠시만요. 착오가 있는 것 같은데요. 뭘로 주문하셨나요?

 연어 구이랑 립아이(Ribeye) 주문했어요.

(잠시 후)

 늦어져서 죄송합니다. 맛있게 드세요.

 저기, 이건 저희가 주문한 음식이 아닌데요? 별로 바쁘지도 않은데, 여기 왜 이래요?

 아, 정말 죄송합니다. 이건 다른 테이블 음식인데, 바로 가져다 드리겠습니다.

330

📝 영작하기

> 저기요, 옆 테이블은 저희보다 늦게 주문한 음식이 먼저
> 나왔는데요. 저희 것은 언제 나와요?

✏️ 학습자 영작 예시

- Excuse me. The food ~~next~~ _at the_ table came out already even though we
  ordered first. When ~~our~~ _will_ food come? _Nice try!_

- Excuse me, the food ordered at the next table came out first, when
  ~~does~~ _will_ my order come out? _Almost there!_

★ '옆 테이블 음식'은 the food at the next table 또는 the food from the next table이라
고 하고, '저희 것'은 our food, our order, ours로 표현할 수 있습니다. '음식이 나오다'는 come
out, be out으로 표현하고, 언제 준비가 될지는 be ready를 써서 말할 수도 있습니다. 질문은 앞
으로 있을 일에 관한 것이므로 미래 시제로 묻습니다.

★ 이런 질문을 할 때는 '확인할 게 있는데요.'란 의미로, I just wanted to check.라는 말을 넣
으면 좋습니다. 그리고 직접적으로 음식이 언제 나오는지 물으면 따지는 것처럼 들릴 수 있으니
Could you please check on our food again?이라고 하면 좀 더 부드러운 질문이 됩니다.

🎙️ 원어민은 이렇게 말해

- Excuse me, the food at the next table came out before ours, even
  though they ordered after us. When will ours be out?

- Excuse me, I just wanted to check, our food hasn't come out yet. The
  table next to us got their food first, even though they ordered later.
  Could you please check on our order again?

잠시만요. 착오가 있는 것 같은데요. 뭘로 주문하셨나요?

- There must be some mistake. What did you order? *Great job!*

- I might have made a mistake. What was your order? *Great job!*

'착오가 있는 것 같다'를 의미하는 표현

- It seems…
- I think + there is a mistake/mix-up(혼동).
- There must/may + be a mistake/mix-up.

- There seems to…
- It looks like…

- Hold on a moment. There seems to be a mix-up. What did you order?

- Just a moment. I think there may be a mistake. What was your order?

연어 구이랑 립아이(Ribeye) 주문했어요.

- <u>Salmon roast</u> and Ribeye. *NIce try!*
- My order was grilled salmon and Ribeye. *Great job!*

★ 음식 이름만 말하거나, We ordered를 붙여 완전한 문장으로 말할 수 있습니다.

- <u>Grilled salmon</u> and Ribeye.
- We ordered grilled salmon and Ribeye.

 늦어져서 죄송합니다. 맛있게 드세요.

- Sorry for the delay. Enjoy. *Good job!*
- I am sorry for the delay. Enjoy your meal. *Good job!*

★ 점원이 음식을 건넬 때는 Here/This is your [음식 이름]. Enjoy (your meal). 등을 말합니다.

- Sorry about the delay. Enjoy your meal.
- My apologies for the delay. I hope you enjoy your meal.

저기, 이건 저희가 주문한 음식이 아닌데요?
별로 바쁘지도 않은데, 여기 왜 이래요?

- Excuse me. This isn't what we ordered. [It's not that busy here.] Is this restaurant always like this? *Let's try again!*

- Excuse me. These are not what I ordered. [You don't look busy.] Do you have any problems here today? *Let's try again!*

★ '별로 바쁘지도 않은데'로 영작한 It's not that busy here, You don't look busy는 다소 공격적으로 들릴 수 있으므로, 식당 분위기를 묘사하는 뉘앙스로 It seems quiet 또는 It doesn't seem too busy로 좀 더 부드럽게 말하는 게 좋습니다.

★ Is this restaurant always like this?, Do you have any problem here today?와 같이 너무 광범위하고 공격적인 질문보다는, 주문 착오에 대한 불만을 표현하면서 뜻밖의 상황에 대한 당혹함을 나타낼 수 있는 I'm surprised ~, I'm not sure why ~로 표현하는 것이 자연스럽습니다.

🎙️ 원어민은 이렇게 말해

- Excuse me, this isn't our order. It seems pretty quiet here, so I'm surprised there was a mistake.

- Excuse me, this isn't what we ordered. It doesn't seem too busy, so I'm not sure why there was a mistake.

아, 정말 죄송합니다. 이건 다른 테이블 음식인데,
바로 가져다 드리겠습니다.

- I'm really sorry. This food is for another table. I'll get your <u>food</u> right
  away. *Almost there!*

  _{order}

- I am really sorry. These are for another table. I will bring <u>the food</u>
  <u>you ordered</u> right away. *Almost there!*

  _{your order}

★ '주문한 음식'은 the food you ordered라고 말할 수 있지만, 간단히 your order, your food,
yours로 표현할 수 있습니다. 또한 특정 음식이나 주문은 food 대신 좀 더 구체적인 dish(요리)로
표현하거나, 여기서는 간단히 this라고 해도 됩니다. '바로'란 표현에는 right away, right now,
right out, ASAP, immediately 등이 있습니다.

🎙️ 원어민은 이렇게 말해

- Oh dear, I'm so sorry! This is for another table. I'll get <u>your order</u>
  right now.

- Oh, my bad! These are for another table. I'll bring <u>yours</u> right out.

Step 1 | 한 문장씩 구간 반복해서 들으며 동시에 따라 말해 보세요.
Step 2 | 한 문장씩 듣고 일시 정지한 다음, 그대로 흉내 내어 말해 보세요.

M Excuse me, I just wanted to check, our food hasn't come out yet. The table next to us got their food first, even though they ordered later. Could you please check on our order again?

F Hold on a moment. There seems to be a mix-up. What did you order?

M We ordered grilled salmon and Ribeye.

(A moment later)

F My apologies for the delay. I hope you enjoy your meal.

M Excuse me, this isn't our order. It seems pretty quiet here, so I'm surprised there was a mistake.

F Oh dear, I'm so sorry! This is for another table. I'll get your order right now.

 이 유닛의 처음으로 돌아가서, 한국어 대화문을 보고 영어로 말해 보세요.
틀리지 않고 자연스럽게 말할 수 있을 때까지 반복해 보세요.

펍에서 맥주 주문

다음 대화를 오른쪽 페이지에 영작해 보세요. 우리말을 그대로 영어로 직역하기보다는 원어민이 이 상황에서 쓸 만한 문장으로 만들어 보세요. 사전을 활용해도 괜찮아요.

 안녕하세요, 뭘로 드릴까요?

 여기서 제일 인기 있는 생맥주가 뭔가요?

 헤이지 페일 에일(hazy pale ale)이랑
허니 라거가 제일 많이 나가요.

 안주는 뭐가 제일 맛있어요?

 푸틴(poutine)이랑 칠리 치즈 프라이가 대표 안주예요.

 그럼 페일 에일이랑 라거 각 한 잔씩, 그리고 푸틴 하나 주세요.

📖 원어민 첨삭 확인하기

 안녕하세요, 뭘로 드릴까요?

✏️ **학습자 영작 예시**

- Hi, what can I get you? *Great job!*

- Hello, <u>what do you want?</u> 공손하게!

★ 주문은 격식을 갖춘 곳에서는 What would you like to order?라고 묻고, 캐주얼한 곳에서는 What can I get you? 또는 What can I get for you?라고 묻습니다.

🎙️ **원어민은 이렇게 말해**

- Hi, how are you? What can I get you?

- Hi, what would you like to order?

 여기서 제일 인기 있는 생맥주가 뭔가요?

✏️ **학습자 영작 예시**

- What ^{draft} <u>beer</u> is most popular here? *Almost there!*

- What is the most popular draft beer here? *Excellent!*

★ '생맥주'는 draft beer 또는 beer on tap(꼭지에서 따라 주는 맥주)라고 합니다.

🎙️ **원어민은 이렇게 말해**

- What's your top-selling <u>draft beer</u> here?

- What's the most popular <u>beer on tap</u>?

헤이지 페일 에일(hazy pale ale)이랑 허니 라거가
제일 많이 나가요.

✏️ 학습자 영작 예시

- _The hazy_
Hazy pale ale and Honey lager are most popular here. _Nice try!_
  the honey _the_

- _The hazy_
Hazy pale ale and honey lager are popular ones. _Nice try!_
  the _the_ _choices_

★ '제일 많이 나가는'은 '가장 인기있는'이란 의미에서 the most popular, the best-selling, the top-selling으로 표현할 수 있습니다. '인기 있는 것들'이란 의미로 popular ones라고 했는데, 이보다는 명확하게 선택지를 강조하는 정관사 the와 함께 the popular choices, the top picks, the top sellers, the bestsellers로 표현하는 것이 자연스럽습니다.

★ '맥주의 이름'은 상표와 같이 취급되어 각 단어의 첫 글자를 대문자로 쓰지만, '맥주 종류'는 앞에 정관사 the와 함께 소문자로 표기합니다.

🎤 원어민은 이렇게 말해

- The hazy pale ale and the honey lager are the most popular here.

- Our hazy pale ale and the honey lager are the top picks right now.

안주는 뭐가 제일 맛있어요?

- How about side dishes? *Nice try!*

- What is the best side dish? *Nice try!*

★ '안주'는 보통 finger foods, snacks, munchies라고 하는데, side dish는 메인과 함께 제공되는 음식으로 한국의 '반찬'에 해당합니다. 여기서 '제일 맛있는'은 best, popular, go-to, favorite로 표현할 수 있습니다. 또한, '[안주] 추천 좀 해 주세요'라는 What would you recommend for [안주]?, Could you recommend some [안주]?, (Do you have) Any recommendations for tasty [안주]?와 같이 표현할 수도 있습니다.

🎙️ 원어민은 이렇게 말해

- What are some go-to finger foods?

- What are the most popular munchies?

- Any recommendations for tasty snacks?

푸틴(poutine) 이랑 칠리 치즈 프라이가 대표 안주예요.

- Poutine and <u>Chili</u> cheese fries are our signature menu. *Almost there!*
  (chili)

- Poutine and chili cheese fries are the <u>main dishes</u>. *Nice try!*

★ '대표 안주'는 음식점에서 가장 유명하거나 대표적인 음식을 의미하는 specialty, signature snack, signature menu로 표현할 수 있습니다. 하지만 '메인 요리'를 의미하는 main dish는 이 문맥에서 어울리지 않습니다.

★ 일반적으로 잘 알려진 poutine이나 chili cheese fries와 같은 '메뉴 이름'은 소문자로 표기합니다.

🎙️ 원어민은 이렇게 말해

- Poutine and chili cheese fries are our <u>specialties</u>.

- Poutine and chili cheese fries are our <u>top picks</u>.

- <u>You should definitely try</u> our poutine and chili cheese fries.

그럼 페일 에일이랑 라거 각 한 잔씩, 그리고 푸틴 하나 주세요.

- Then one pale ale, one lager and a poutine please. *Good job!*
- Then I'd like <u>a cup of</u> pale ale and <u>a cup of</u> lager, and a <u>Poutine</u>.
  a pint of   *a pint of*   *poutine*

★ 음식을 주문할 때는 we'd like [음식], we'd like to have [음식], 또는 좀 더 캐주얼하게 let's do [음식], we'll have [음식]으로 표현할 수 있습니다. 이미 언급된 메뉴를 주문할 때는 이름과 수량을 각각 말하기도 하지만, '각 ~ 잔씩'이란 의미로 one, two, three of each [맥주 종류]와 같이 표현할 수 있습니다.

★ 맥주의 수량을 나타내는 단위는 pint로 a pint of [맥주 종류]와 같이 표현할 수 있지만, cup은 일반적으로 커피나 차, 주스 등을 표현할 때 사용합니다. 또한 음식은 간단히 one, two, three와 같이 숫자로 표현할 수도 있고 one, two, three order(s) of [음식]으로 표현할 수도 있습니다.

- Sound great, then let's do one pale ale, one lager, and one order of poutine.
- Then we'll have one of each beer, and a poutine.
- Alright, we'd like <u>a pint of</u> pale ale and <u>a pint of</u> lager, and <u>an order of</u> poutine.

Step 1 | 한 문장씩 구간 반복해서 들으며 동시에 따라 말해 보세요.
Step 2 | 한 문장씩 듣고 일시 정지한 다음, 그대로 흉내 내어 말해 보세요.

M Hi, how are you? What can I get you?

F What's the most popular beer on tap?

M Our hazy pale ale and the honey lager are the top picks right now.

F What are some go-to finger foods?

M Poutine and chili cheese fries are our specialties.

F Then we'll have one of each beer, and a poutine.

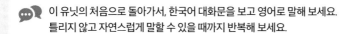

💬 이 유닛의 처음으로 돌아가서, 한국어 대화문을 보고 영어로 말해 보세요.
틀리지 않고 자연스럽게 말할 수 있을 때까지 반복해 보세요.

비닐봉지가 터지다

다음 대화를 오른쪽 페이지에 영작해 보세요. 우리말을 그대로 영어로 직역하기보다는
원어민이 이 상황에서 쓸 만한 문장으로 만들어 보세요. 사전을 활용해도 괜찮아요.

 안녕하세요, 방금 파스타 소스를 샀는데,
비닐봉지가 터져서 병이 깨졌어요.

 어머, 죄송합니다. 유리병에 든 제품은
이중으로 담아드려야 하는데, 그러지 못했네요.

 그럼 새걸로 받을 수 있는 거죠?

 네, 당연히 교환해 드려야죠. 옷에 묻지는 않으셨어요?

 네, 괜찮아요. 제가 가서 새로 하나 가지고 올까요?

 아니요, 제가 빨리 가서 가지고 오겠습니다. 잠시만 기다려 주세요.

📝 영작하기

안녕하세요, 방금 파스타 소스를 샀는데,
비닐봉지가 터져서 병이 깨졌어요.

✏️ **학습자 영작 예시**

- Hello, I just bought a pasta sauce. But the plastic bag <u>was torn</u> ^tore^, and
  the bottle broke. *Almost there!*

- Hello, I have just bought a pasta sauce, but the plastic bag burst, and
  the bottle <u>in it</u> broke. *Almost there!*
  ~inside~

★ was torn은 '터진 상태'를 의미해서, 샀을 때 이미 봉지가 터져 있던 것으로 해석될 수 있습니다. 산 후에 터진 것은 tear의 과거형인 tore로 표현하는 것이 명확합니다. 또한 '터지다'는 tear, burst, rip, break 등으로 표현할 수 있고, '깨지다'는 break 또는 shatter(산산조각 나다) 등으로 표현할 수 있습니다.

★ 전치사 in은 어떤 공간이나 장소 안에 있다고 할 때 쓰고, 주머니, 서랍, 가방 등 어떤 물체 안에 있다고 할 때는 inside를 쓰는 것이 더 명확하고 자연스럽습니다.

🎙️ **원어민은 이렇게 말해**

- Hi, I just got this pasta sauce, but the plastic bag <u>burst</u>, and the
  bottle <u>inside</u> broke.

- Hello, I just grabbed a pasta sauce, but the plastic bag <u>ripped</u>, and
  the bottle shattered.

어머, 죄송합니다. 유리병에 든 제품은
이중으로 담아드려야 하는데, 그러지 못했네요.

- Oh, I'm sorry. We should've <u>double bagged</u> the glass bottle. <u>But</u> we *, but*
  didn't. *Nice try!*

- ~~Why.~~ I am sorry. Though I <u>have put</u> glass bottle products in <u>plastic
  bag doubly</u>, I did not. *Let's try again!*

★ '이중으로 담다'는 double bag과 double-bag 둘 다 가능하지만, 하이픈을 사용한 double-
bag이 더 흔하게 쓰입니다. doubly는 '두 배로'라는 뜻으로 주로 양이나 질을 나타내는 단어
와 함께 doubly difficult(두 배로 어려운), doubly careful(두 배로 조심스러운), doubly
important(두 배로 중요한)과 같이 표현합니다. 따라서 plastic bag doubly는 문법적으로 잘못
된 표현입니다.

★ Though I have put(담긴 했지만) ~ I did not(담지 않았다)는 앞뒤가 맞지 않는 문장입니
다. 여기서는 should've p.p.(~해야 했는데), be supposed to(~하기로 되어 있다), 또는 간단히
forgot으로 표현하는 것이 적절합니다.

★ '그러지 못했다'는 간단히 I didn't로 표현할 수 있지만, 실수를 인정하는 my bad, my
mistake, my slip-up 등의 표현과 missed the mark, missed it, dropped the ball 등을 함
께 쓰면 더 공손하게 들립니다.

- Oops, my bad. We were supposed to <u>double-bag</u> the glass bottles, but
  it looks like we missed it this time.

- Oh dear, I'm really sorry. I completely forgot to <u>double-bag</u> those; it
  was my mistake.

그럼 새걸로 받을 수 있는 거죠?

- Can I get a new one then? *Good job!*

- Then, can I get a new one? *Good job!*

★ '새것'이란 표현에는 a new one, a fresh one, a replacement 등이 있고, '받다'는 get(받다), grab(잡다), snag(잡아채다) 등으로 표현할 수 있습니다. 가벼운 허락을 구할 때는 Can I ~?나 Could I ~?로 '~할 수 있을까요?'라고 물을 수도 있고, 좀 더 공손한 May I ~?를 써도 좋습니다. 그리고 (I) just wanted to check if ~(~인지 한번 확인해 보고 싶었어요)란 표현으로 좀 더 부드럽게 말할 수도 있습니다.

상대방의 실수를 너그럽게 이해하고 용서하는 표현

- Things happen.
- It happens.
- It's okay.
- No worries.
- Don't worry about it.

🎙️ 원어민은 이렇게 말해

- Things happen. May I grab a new one?

- No worries, just wanted to check if I could get a replacement.

네, 당연히 교환해 드려야죠. 옷에 묻지는 않으셨어요?

학습자 영작 예시

- Of course. ~~Wasn't~~ *Didn't* your clothes ^get^ stained? *Nice try!*

- Yes, of course, I should exchange it. Didn't your clothes get any stain?
  Let's try again!

★ I should는 '~해야겠다'란 뜻이지만, '당연히 ~하다'를 표현하기에는 소극적인 뉘앙스입니다. 이 상황에서는 보다 강한 의지를 나타내는 '~하겠다'란 의미의 I will이나 let me로 표현하는 게 더 적절합니다.

★ exchange는 단순히 물건은 교환하는 경우에 쓰지만, 부서진 제품을 새것으로 줄 때는 앞서 다룬 get, grab, snag와 a new one, a fresh one, a replacement를 함께 써서 표현합니다. '당신을 위해'라는 의미의 for you와 함께 쓰면 좀 더 공손한 표현이 됩니다.

★ '옷에 묻다'는 stain your clothes, get stained, get stains on your clothes, spill(쏟아지다) onto your clothes, splatter(튀다) on your clothes 등으로 표현할 수 있습니다.

원어민은 이렇게 말해

- Absolutely, we'll get you a new one right away. Did any sauce get on your clothes?

- Definitely! Let me grab a fresh one for you in a second. Did it stain your clothes?

네, 괜찮아요. 제가 가서 새로 하나 가지고 올까요?

- No, I'm okay. <u>Can I</u> go get one? *Almost there!*

- No, all right. <u>Can I</u> go and get a new one? *Nice try!*
  it's

★ '~을 가지고 오다'는 go and get ~이지만, 보통 and를 생략하고 go get ~, go grab ~으로 많이 표현합니다.

★ Can I ~?는 주로 상대방의 허락을 구할 때 '~할 수 있을까요?'란 의미로 씁니다. 하지만 지금은 실수한 상대방이 책임을 지는 상황이므로, 허락을 구하는 질문보다 Should I ~?(~할까요?)와 같이 상대에게 간접적으로 행동을 제안하는 말이 더 자연스럽습니다.

- Nope, all good. <u>Should I</u> grab a new one myself?

- Fortunately, no stains on my clothes. <u>Should I</u> just go get a fresh one myself?

아니요, 제가 빨리 가서 가지고 오겠습니다. 잠시만 기다려 주세요.

- No, I'll go get one for you. Just one moment. *Good job!*

- No, I will do it quickly. Please wait a moment. *Good job!*

★ '가서 가지고 오다'는 go get으로 표현할 수 있지만, '빨리'라는 의미를 강조할 때는 zip over (재빠르게 달려가다), be back in a flash/jiffy(후딱 갔다 오다)로 표현할 수 있습니다.

상대방이 기다려 주고 이해해 준 것에 대한 감사 표현

· Thanks for your patience.
· I appreciate your patience.
· I appreciate your understanding.
· Thanks for being so understanding.

- No, I'll be back in a flash with a fresh one. Just give me a moment.

- No, don't worry about it. I'll zip over and get it for you.
  Wait a moment, please.

Step 1 | 한 문장씩 구간 반복해서 들으며 동시에 따라 말해 보세요.
Step 2 | 한 문장씩 듣고 일시 정지한 다음, 그대로 흉내 내어 말해 보세요.

F Hi, I just got this pasta sauce, but the plastic bag burst, and the bottle inside broke.

M Oops, my bad. We were supposed to double-bag the glass bottles, but it looks like we missed it this time.

F Things happen. May I grab a new one?

M Absolutely, we'll get you a new one right away. Did any sauce get on your clothes?

F Nope, all good. Should I go get a new one myself?

M No, I'll be back in a flash with a fresh one. Just give me a moment.

💬 이 유닛의 처음으로 돌아가서, 한국어 대화문을 보고 영어로 말해 보세요.
틀리지 않고 자연스럽게 말할 수 있을 때까지 반복해 보세요.

Chapter 6

여행, 한국 소개

다음 대화를 오른쪽 페이지에 영작해 보세요. 우리말을 그대로 영어로 직역하기보다는
원어민이 이 상황에서 쓸 만한 문장으로 만들어 보세요. 사전을 활용해도 괜찮아요.

안녕하세요, 체크인하려고 하는데요.
그레이스 킴으로 예약했어요.

안녕하세요! 그레이스 킴 님. 어서 오세요.
신분증을 확인할 수 있을까요?

네, 여기 있습니다.

감사합니다. 이것 좀 작성해 주시겠어요?

네, 여기 와이파이 이름이랑 비번이 뭔가요?

여기 와이파이와 호텔 안내가 적힌 안내장이랑 카드 키 드릴게요.
체크아웃은 12시고, 6층 608호입니다.

📝 영작하기

안녕하세요, 체크인하려고 하는데요.
그레이스 킴으로 예약했어요.

✏️ 학습자 영작 예시

- Hello, I'd like to check in. I booked ~~by~~ the name of Grace Kim. *(under)*
- Hello, I want to check in. I have a reservation ~~in~~ the name of Grace Kim. *Nice try!* *(under)*

★ '체크인'은 동사로 사용될 때는 check in, 명사나 형용사로 사용될 때는 check-in입니다. '체크인 시간'은 check-in time, '체크인 카운터'는 check-in counter와 같이 표현할 수 있습니다.

★ '[이름]으로 예약했어요'는 '~의 이름으로'라는 의미의 전치사 under를 사용해 I made a reservation under [이름], I have a reservation under [이름], I booked under [이름]과 같이 표현합니다. 이름 앞에 the name과 같은 수식어는 생략하거나, 더 간단하게 I'm [이름]으로 표현할 수도 있습니다.

🎤 원어민은 이렇게 말해

- Hi there, I'm here to check in. I made a reservation under Grace Kim.
- Hello, I'd like to check in please. I have a reservation under Grace Kim.

안녕하세요! 그레이스 킴 님. 어서 오세요.
신분증을 확인할 수 있을까요?

- Hello, Ms. Grace! May I see your ID, please? *Good job!*

- Hello, <u>Grace</u>. Welcome. May I see your ID? *Almost there!*
  Ms. Kim

★ 손님의 이름을 호칭할 때 가장 정중한 표현은 Ms. Kim이며, 그다음으로 Ms. Grace Kim, Ms. Grace, 그리고 Grace 순으로 표현할 수 있습니다.

🎙️ 원어민은 이렇게 말해

- Hello! Welcome, Ms. Kim. May I see your ID?

- Hello, Ms. Grace Kim! It's so nice to have you here. Can I see your ID, please?

네, 여기 있습니다.

- Yes, here you are. *Good job!*
- Yes, here you go. *Good job!*

★ '여기 있습니다'는 Here it is, Here you go, I have it right here, It's right here, I've got it right here, right here 등으로 표현할 수 있습니다.

- Yes, here it is.
- Of course, here you go.

감사합니다. 이것 좀 작성해 주시겠어요?

- Thank you. Could you fill in this, please? *Almost there!*
  fill this out
- Thank you. Can you fill this form out? *Good job!*

★ 양식이나 문서 전체를 작성하는 경우, 일반적으로 fill out 또는 complete을 사용합니다. 문서 전체가 아니라 특정 항목을 가리켜 작성을 요청할 때는 fill this in 또는 fill in your [name/address]처럼 표현합니다.

★ fill out this form과 fill this form out 둘 다 문법적으로 맞지만, this form을 fill out의 사이에 넣어 사용하면 좀 더 강조하는 효과가 있습니다.

- Thank you. Would you please <u>fill out</u> this form?

- Great, thanks! Could you <u>fill out</u> this form for me?

네, 여기 와이파이 이름이랑 비번이 뭔가요?

- Sure, what's ⌐*the* Wi-Fi name and password? *Almost there!*
- Yes, what is ⌐*the* Wi-Fi name and password <u>of this place</u>? *Let's try again!*
  <u>here</u>

★ Wi-Fi는 보통 정관사 없이 표현하지만, 특정 Wi-Fi 이름을 지칭할 때는 the를 사용하는 것이 적절합니다. 호텔의 Wi-Fi를 물을 때 this place라고 하는 것은 다소 어색하며, 대신 the hotel 또는 here라고 하는 것이 더 명확하고 자연스럽습니다.

- Sure, could you tell me the Wi-Fi name and password?

- Absolutely, what is <u>the</u> Wi-Fi name and password <u>here</u>?

여기 와이파이와 호텔 안내가 적힌 안내장이랑 카드 키 드릴게요.

- Here are̲ ⌐the card key and a brochure a̲b̲o̲u̲t̲ ⌐with hotel information
  and Wi-Fi. ⌐details

- Here are̲ a guide letter including Wi-Fi, ⌐details hotel information, and a̲ card
  key.   your

★ Here is는 물건을 건넬 때 '여기 있습니다'란 의미로 쓰는 표현으로, 물건이 복수인 경우에도 Here is [물건 1], [물건 2]와 같이 써서 각 물건의 구체적인 정보를 전달합니다. Here are [two key cards]와 같이 표현할 수도 있지만, 이는 물건의 개수를 강조하는 표현이라서 이 상황에서는 Here is로 표현하는 것이 적절합니다.

★ 호텔의 '카드 키'는 일반적으로 key card, card key로 표현하며, room card, room key로도 표현할 수 있습니다.

★ '와이파이와 호텔 관련 안내장'은 a brochure with hotel info and Wi-Fi 또는 a guide to our Wi-Fi and hotel amenities(편의 시설)와 같이 표현할 수 있습니다. a brochure about은 어떤 제품이나 주제에 관한 안내장임을 나타내는 반면, a brochure with는 어떤 내용이 담겨 있는지를 강조하는 표현으로, 이 맥락에서는 with가 어울립니다.

🎙️ 원어민은 이렇게 말해

- Here is̲ your key card and a brochure w̲i̲t̲h̲ Wi-Fi and hotel info.

- Here's̲ your key card and a guide to our Wi-Fi and hotel amenities.

체크아웃은 12시고, 6층 608호입니다.

✏️ 학습자 영작 예시

- Check-out is 12 pm, and your room is 608, ~~6th floor.~~ *on the* 6th floor. *Almost there!*
  Checkout
- Check-out time is at 12 pm. Your room number is 608 on ~~6th floor.~~ *the* 6th floor.
  Checkout

★ '체크아웃'은 동사로 사용될 때는 check out, 명사로 사용될 때는 checkout과 check-out으로 둘 다 쓰지만, checkout이 더 흔하게 쓰입니다. '체크아웃 타임'은 checkout (time), '간편 체크아웃'은 express checkout과 같이 표현합니다.

★ '층'은 구체적인 위치를 나타내는 명사입니다. '층'을 표현할 때는 전치사 on과 정관사 the를 함께 사용하여 '1층(에)'는 on the 1st floor, '2층(에)'는 on the 2nd floor, '3층(에)'는 on the 3rd floor와 같이 표현합니다.

🎙️ 원어민은 이렇게 말해

- Checkout is at 12 pm, and your room number is 608 on <u>the</u> 6th floor.

- Checkout is at noon, and your room is on <u>the</u> 6th floor, room 608.

Step 1 | 한 문장씩 구간 반복해서 들으며 동시에 따라 말해 보세요.
Step 2 | 한 문장씩 듣고 일시 정지한 다음, 그대로 흉내 내어 말해 보세요.

F Hello, I'd like to check in please. I have a reservation under Grace Kim.

M Hello! Welcome, Ms. Kim. May I see your ID?

F Of course, here you go.

M Thank you. Would you please fill out this form?

F Absolutely, what is the Wi-Fi name and password here?

M Here is your key card and a brochure with Wi-Fi and hotel info. Checkout is at 12 pm, and your room number is 608 on the 6th floor.

💬 이 유닛의 처음으로 돌아가서, 한국어 대화문을 보고 영어로 말해 보세요.
틀리지 않고 자연스럽게 말할 수 있을 때까지 반복해 보세요.

맛집 추천받기

다음 대화를 오른쪽 페이지에 영작해 보세요. 우리말을 그대로 영어로 직역하기보다는
원어민이 이 상황에서 쓸 만한 문장으로 만들어 보세요. 사전을 활용해도 괜찮아요.

 이 근처에 현지인들한테 인기 많은 맛집 있나요?

 네, 많죠. 어떤 음식 좋아하시는데요?

 전 여행 가면 현지 음식을 즐기는 편이라,
이곳 사람들이 즐겨 먹는 음식을 먹어 보고 싶어요.

 아, 그럼 잠발라야(Jambalaya) 드셔 보세요.
스페인의 파에야(Paella)처럼 미국 남부식 볶음밥 같은 거예요.

 와, 맛있겠네요! 지도에서 괜찮은 식당 알려 주시겠어요?

 호텔에서 나가서 오른쪽으로 100m 정도 직진하면
마더스 레스토랑이란 곳이 바로 보일 거예요.

📝 영작하기

이 근처에 현지인들한테 인기 많은 맛집 있나요?

✏️ 학습자 영작 예시

- Is there [a popular restaurant for <u>local people</u>] near here? *Almost there!*

- Is there any must-eat place nearby [that is popular among locals?]
  Almost there!

★ '이 근처'는 around here, near here, nearby, in this area 등으로 표현할 수 있습니다. '현지인들'은 local people이라고 하지만, 더 간단히 locals라고 많이 합니다. '현지인들한테 인기 많은 맛집'은 직역해서 말할 수도 있지만, 간단히 a local favorite, a must-eat place, a hidden gem, a popular local spot 등으로 표현하는 것이 자연스럽습니다. (Day 6 참고)

🎙️ 원어민은 이렇게 말해

- Are there <u>any popular local favorites</u> around here?

- Is there a good restaurant <u>that locals recommend</u>?

- Are there any hidden gems nearby <u>that locals love</u>?

네, 많죠. 어떤 음식 좋아하시는데요?

- Yes, there're a lot. What kind of food do you like? *Great job!*

- Yes, quite a lot. What kind of <u>cook</u> do you like? *Nice try!*
  food

★ '많다'는 there are와 a lot, tons, many, plenty around, many options, quite a few choices를 함께 사용하여 표현합니다. 이때 there are는 생략할 수도 있습니다. 또한 강한 긍정의 의미로 Absolutely, Indeed, Certainly와 함께 표현할 수도 있습니다.

★ '음식'은 food, cuisine(요리)으로 표현할 수 있지만 cook은 '요리하다', '요리사'라는 의미로 이 문맥에는 적절하지 않습니다. '좋아하다'는 like, be into, be fond of로 표현할 수 있으며, 좀 더 구체적으로 특별히 먹고 싶은 게 있는지 물을 때는 be in the mood for(~하고 싶은 기분이 든다) 로 표현할 수 있습니다.

- Absolutely, there are plenty around. What kind of food are you into?

- Yes, there are many. What type of food are you in the mood for?

- Indeed, there are many options. What are you craving?

> 전 여행 가면 현지 음식을 즐기는 편이라,
> 이곳 사람들이 즐겨 먹는 음식을 먹어 보고 싶어요.

- I always enjoy local food when I travel.
  So, I'd like to try the food that local people enjoy. *Nice try!*
           something   *the locals*
- As I ~~usually~~ like to eat local foods when I travel,
  I'd like to try foods which people here eat frequently. *Nice try!*
     what   *the locals*   *love*

★ '이곳 사람들이 즐겨 먹는 음식'을 영작한 the food that local people enjoy는 다소 길고 장황합니다. 간단히 something the locals enjoy 또는 what the locals love와 같이 자연스럽게 표현할 수 있습니다.

★ 앞 문장에서 이미 foods는 언급되었으므로 the food that이나 foods which와 같은 반복적인 표현은 피하고 간단히 what으로 표현하는 게 좋습니다.

★ '먹어 보고 싶다'는 I'd like to try, 또는 좀 더 호기심을 담은 I'd be curious to try로 표현할 수 있습니다. '시도하다'는 try 대신 '탐험하다'라는 의미로 explore를 써서 표현할 수도 있습니다

- I like to try local foods when I travel, so I'd like to try something the locals enjoy.

- I love exploring local cuisines when I'm traveling, so I'd be curious to try what the locals love.

아, 그럼 잠발라야(Jambalaya) 드셔 보세요.
스페인의 파에야(Paella)처럼 미국 남부식 볶음밥 같은 거예요.

- Oh, you should try Jambalaya then. It's ⌒a southern American-style
  Southern
  rice dish, like a Paella from Spain.
  similar to
- Then, try Jambalaya. It refers to ⌒a southern American-style fried rice,
  is   *Southern*
  similar to Paella, ⌒a Spanish food. *Keep practicing!*
  dish

★ American style은 두 단어가 결합된 하나의 단어가 아니기 때문에 하이픈을 사용하지 않는 것이 일반적이지만, 이 문맥에서는 '미국 남부 스타일'이란 의미를 강조하기 위해 하이픈을 넣어 Southern American-style로 표현할 수 있습니다. 또한 Southern take on [명사]는 '미국 남부 지역의 특유한 스타일의 [명사]'를 의미하는 표현으로, '미국 남부의 특유한 스타일의 파에야'는 Southern take on paella 또는 Southern twist on paella와 같이 표현할 수 있습니다.

★ refer to ~는 '~을 나타내다'란 뜻으로 이 문맥에는 어울리지 않습니다. 간단하게 is로 표현하는 것이 적절합니다. 그리고 Jambalaya는 하나의 요리를 가리키므로 food 대신 dish로 표현하는 것이 자연스럽습니다.

- Oh, then you should definitely try Jambalaya. It's a Southern American-style rice dish, similar to paella from Spain.

- Oh, in that case, Jambalaya is a must-try. It is a Southern take on paella, the Spanish rice dish.

와, 맛있겠네요! 지도에서 괜찮은 식당 알려 주시겠어요?

- Wow, sounds delicious! Can you show me ⌒a nice restaurant <u>from</u> the map? *Almost there!*

  on

- Wow, that sounds delicious. Can you <u>point me</u> a good restaurant on the map? *Nice try!*

  point out

★ '맛있겠다'는 (that) sounds와 함께 형용사 good, delicious, tempting, fantastic, amazing, mouthwatering 등을 사용해 표현할 수 있으며, That makes me hungry 또는 I'm getting hungry와 같이 표현할 수도 있습니다.

★ '지도에서'는 on the map (here), on this map이라고 하고, '알려 주다'는 show me, point out, recommend me 등으로 표현할 수 있습니다. '괜찮은 식당'은 a good restaurant이라고 해도 되지만 a good place to eat, a go-to place, a favorite spot이 좀 더 자연스럽습니다.

- Wow, that sounds amazing! Could you <u>point out</u> a good restaurant <u>on</u> the map here?

- Wow, that makes me hungry! Could you recommend me a go-to place <u>on</u> this map?

호텔에서 나가서 오른쪽으로 100m 정도 직진하면

- If you go straight to the right about 100m from the Hotel,
  hotel
- Go out <u>from</u> this hotel and <u>walk</u> straight for about 100 meters,
  of   *go*

★ '~에서 나가다'는 walk out of, step out of 또는 exit으로 표현할 수 있습니다. go out from 은 잘못된 표현은 아니지만 '~ 밖으로'라는 의미의 out of와 함께 go out of로 표현하는 것이 자연스럽습니다.

★ '직진하다'는 go straight, head straight, keep going straight으로 표현할 수 있습니다, walk straight은 '똑바로 걷다'라는 의미로 이 문맥에서는 어색합니다. 그리고 '오른쪽으로'는 to the right, '오른쪽에'는 on the right, '오른쪽'은 right으로 표현합니다.

- If you walk out of the hotel and <u>go straight</u> for about 100 meters to the right,
- Step out <u>of</u> the hotel and head right, just keep <u>going straight</u> for about 100 meters,

373

마더스 레스토랑이란 곳이 바로 보일 거예요.

- you will see ~~the~~ Mother's Restaurant. *Almost there!*

- and then you can find the place called "Mothers Restaurant". *Let's try again!*
  will   a

★ '보일 거예요'란 말은 can보다는 '꼭 보일 것'이라는 확신을 강조할 수 있는 will과 see, find, spot을 함께 사용하여 표현할 수 있습니다.

★ 일반적으로 [음식점 이름]을 표현할 때는 the를 사용하지 않습니다. 그러나 특정 브랜드나 유명 체인점을 나타내는 경우라면 the를 사용할 수 있습니다. 또한 이름의 각 첫 글자를 대문자로 표기하지만 따옴표는 사용하지 않습니다.

- you'll see Mother's Restaurant right away.

- and you'll spot Mother's Restaurant right there.

374

Step 1 | 한 문장씩 구간 반복해서 들으며 동시에 따라 말해 보세요.
Step 2 | 한 문장씩 듣고 일시 정지한 다음, 그대로 흉내 내어 말해 보세요.

M Are there any popular local favorites around here?

F Absolutely, there are plenty around. What kind of food are you into?

M I like to try local foods when I travel, so I'd like to try something the locals enjoy.

F Oh, then you should definitely try Jambalaya. It's a Southern American-style rice dish, similar to paella from Spain.

M Wow, that sounds amazing! Could you point out a good restaurant on the map here?

F If you walk out of the hotel and go straight for about 100 meters to the right, you'll see Mother's Restaurant right away.

💬 이 유닛의 처음으로 돌아가서, 한국어 대화문을 보고 영어로 말해 보세요.
틀리지 않고 자연스럽게 말할 수 있을 때까지 반복해 보세요.

다음 대화를 오른쪽 페이지에 영작해 보세요. 우리말을 그대로 영어로 직역하기보다는 원어민이 이 상황에서 쓸 만한 문장으로 만들어 보세요. 사전을 활용해도 괜찮아요.

(유스호스텔 앞)

 저기 불 좀 빌릴 수 있을까요?

 아, 네. 여기요. 어디에서 오셨어요?

 한국이요. 그쪽은요?

 전 일본이요. 여기에서 얼마나 있을 거예요?

 1년 예정으로 왔는데, 이 숙소는 렌트 구할 때까지 있으려고요.

 정말요? 온 지 얼마 안 됐는데, 어떻게 그렇게 영어를 잘해요?

 아직 멀었어요. 영어 배우러 왔으니까요.

 전 워킹홀리데이 비자로 왔어요. 이렇게 알게 된 것도 인연인데, 같이 사진 한 장 찍을래요?

 좋죠. 여기서 찍을까요?

저기 불 좀 빌릴 수 있을까요?

✏️ 학습자 영작 예시

- Excuse me. Can I borrow *your lighter* ~~the light~~? *Almost there!*

- Excuse me, but can I borrow your lighter? *Almost there!*

★ 담뱃불을 빌릴 때는 Do you have a light?라고 불이 있는지 묻거나, Can I borrow your lighter?라며 라이터를 빌릴 수 있는지 물을 수도 있습니다. 비슷한 또래의 사람들이 격식을 차리지 않고 캐주얼하게 물어볼 때는 Got a light?이라고 짧게 말하기도 합니다.

🎙️ 원어민은 이렇게 말해

- Excuse me, can I borrow <u>your lighter</u>?

- Do you have a light?

378

아, 네. 여기요. 어디에서 오셨어요?

- Oh, here you are. Where are you from? *Good job!*

- Oh, sure. There you go. Where are you from? *Almost there!*

★ '어디에서 오셨어요?'는 보통 Where are you from?이라고 하고, 업무적으로 물을 때는 What's your nationality?라고 합니다.

🎙️ 원어민은 이렇게 말해

- Sure, here you are. Where are you from originally?

- Of course, here you go. So, where are you from?

한국이요. 그쪽은요?

- I'm from Korea. How about you? *Good job!*

★ '한국이요'는 I'm from Korea. 또는 I'm Korean.이라고 표현할 수 있습니다. 예전에는 한국에 대해 잘 모르는 외국인이 많아서 South Korea라고 구분해서 말하기도 했지만, 요즘은 그냥 Korea라고 하면 '북한'이 아니라 '한국'이라는 것을 대부분 압니다.

★ '그쪽은요?'는 Where are you from?, How about you?, What about you? 또는 And you?, You?와 같이 간단히 표현할 수 있습니다.

- I'm from Korea. How about you?

- I'm Korean. And you?

전 일본이요. 여기에서 얼마나 있을 거예요?

- I'm Japanese. How long ⌐*are you* here for? *Nice try!*
- I'm from Japan. How long are ⌐*you* gonna stay here? *Almost there!*

★ 계획을 물어볼 때는 보통 미래형 또는 현재진행형을 사용합니다. '여기에서 얼마나 있을 거예요?'는 How long will you be here for?라고 해도 되지만, for를 생략하고 how long will you be here?과 같이 간결하게 말하는 경우가 많습니다. 좀 더 캐주얼하게 How long are you here for?라고 할 수도 있습니다.

🎤 원어민은 이렇게 말해

- I'm Japanese. How long will you be here?
- I'm from Japan. How long are you staying here?

1년 예정으로 왔는데, 이 숙소는 렌트 구할 때까지 있으려고요.

- I'm going to stay here for a year, and I'll stay at this hostel until I <u>get</u> an apartment. *Almost there!*
  find
- I came here to stay for a year. <u>But</u> I am gonna stay here only until I
  , but
  <u>get</u> a <u>rental house</u>. *Nice try!*
  find

★ '숙소'는 숙박 형태에 따라 다양한 명칭이 있지만 rental house는 잘 쓰지 않는 표현입니다. 간단히 a rental, a place to rent라고 하거나, 주거 형태를 함께 언급해 an apartment to rent나 a house to rent와 같이 구체적으로 표현할 수 있습니다.

★ '(렌트를) 구하다'는 get(얻다)으로 표현할 수도 있지만, 여기서는 find(찾다)로 표현하는 것이 명확하고 자연스럽습니다. 미래의 계획은 will, be going to, plan to 등으로 나타낼 수 있고, '머무르다'란 의미로 stay 또는 stick around가 있습니다.

- I'm here for a year, but I'll be staying at this hostel until I <u>find a place to rent</u>.

- I came with a one-year plan, planning to stick around here until I <u>find an apartment to rent</u>.

정말요? 온 지 얼마 안 됐는데, 어떻게 그렇게 영어를 잘해요?

- Really? How come you speak English so well <u>since</u> you just came?
  even though

  Almost there!

- Really? How can you speak English so well <u>even if</u> it hasn't been long
  since you came here. *Almost there!*
  even though

★ even if는 아직 일어나지 않은 일이나 불확실한 일을 가정할 때 '비록 ~더라도'란 의미로 쓰고, even though는 이미 일어난 일이나 사실에 대해 '비록 ~이지만'이라고 할 때 사용합니다. 이 문장에서는 가정이 아니라 영어를 잘하는 사실에 대해 말하므로 even though를 써야 합니다. 그리고 since는 이유나 원인을 말할 때 쓰기 때문에 이 상황에 어울리지 않습니다.

★ '얼마 안 되다'는 have been here for a short time, haven't been here long이라고 해도 되지만, 간단하게 a newbie(신입, 새내기)라는 표현을 써서 말할 수도 있습니다.

★ '영어를 잘하다'는 speak English so well, be good at English인데, 단시간에 잘하게 된 것을 강조할 때는 get good at English로 표현할 수 있습니다. 좀 더 감탄하는 느낌을 담아 Your English is amazing/fantastic.이라고 말할 수도 있습니다. '어떻게 그렇게'는 how do you, how come you, how can you로 표현할 수 있지만, 좀 더 재미있게 What's your secret?(비결이 뭐죠?)라고 물어봐도 좋습니다.

🎤 원어민은 이렇게 말해

- No way! Your English is amazing for a newbie. What's your secret?

- Really? You haven't been here long, but how did you get so good at English?

아직 멀었어요. 영어 배우러 왔으니까요.

- I still have a long way to go. I came here to learn English. *Good job!*

- I still have a long way to go. I am here to learn English. *Good job!*

★ '아직 멀었어요'는 I still have a long way to go, I'm not there yet, I'm still learning으로 표현할 수 있습니다. learn은 보통 '새로운 것을 습득하다'라는 의미로 쓰고, 이미 웬만큼 잘하는 이 상황에서는 '기존의 지식이나 기술을 더 완벽하게 다듬다'란 의미의 brush up, polish up을 쓰는 게 더 잘 어울리고 자연스럽습니다.

🎤 원어민은 이렇게 말해

- I still have a long way to go. I'm here to <u>brush up</u> my English.

- Nah, I'm still learning. Came here to <u>polish up</u> my English.

전 워킹홀리데이 비자로 왔어요. 이렇게 알게 된 것도 인연인데, 같이 사진 한 장 찍을래요?

✏️ 학습자 영작 예시

- I'm on a working holiday. Would you like to take a picture together since we <u>met like this</u>. *Almost there!*

- I am here on a working holiday visa. It is ~~kind of~~ <u>act of providence</u> that we <u>got to know each other</u>. Why don't we take a picture together? *Let's try again!*

★ '~ 비자로 오다'는 be on a [비자 종류] visa로 표현합니다.

★ '이렇게 알게 되다'는 met like this라고 할 수도 있지만, '우연이 만나다'란 의미로 meet by chance, happen to meet, bump into each other, run into each other, come across each other와 같은 표현을 쓸 수 있습니다. 하지만 get to know each other은 '서로를 더 알게 되는 과정'을 의미해서 이 상황에 어울리지 않습니다.

★ '인연'이란 의미로 영작된 an act of providence는 '신의 섭리/운명'이라는 의미로, 일상적인 대화에 쓰기엔 거창하고 어울리지 않습니다. 보통은 a coincidence(우연) 또는 좀 더 캐주얼하게 cool이나 amazing으로 표현하는 것이 자연스럽습니다.

★ '사진 한 장 찍다'는 take a picture/photo, snap a picture/photo라고 하고, 무언가를 함께 하자고 제안하는 표현에는 Let's ~ together, Wanna ~ with me?, How about we ~? 또는 Would you like to ~ together? 등이 있습니다.

🎤 원어민은 이렇게 말해

- I'm on a working holiday visa. It's so cool how we <u>ran into each other</u>. Let's take a picture together.

- I'm here on a working holiday visa, and it's such <u>a coincidence</u> that we <u>happened to meet</u>. Wanna snap a photo together?

좋죠. 여기서 찍을까요?

- Sounds good. Shall we take a picture here? *Good job!*

- That sounds good to me. Do you want to take a picture here? *Good job!*

★ 상대방의 제안에 동의하는 표현으로 Sounds good, That sounds good to me, Sure, Absolutely, Certainly 등이 있습니다.

- Sounds good. Should we take it right here?

- Absolutely. (Is) Right here good for the picture?

Step 1 | 한 문장씩 구간 반복해서 들으며 동시에 따라 말해 보세요.
Step 2 | 한 문장씩 듣고 일시 정지한 다음, 그대로 흉내 내어 말해 보세요.

M Excuse me, can I borrow your lighter?

F Of course, here you go. So, where are you from?

M I'm from Korea. How about you?

F I'm from Japan. How long are you staying here?

M I'm here for a year, but I'll be staying at this hostel until I find a place to rent.

F Really? You haven't been here long, but how did you get so good at English?

M I still have a long way to go. I'm here to brush up my English.

F I'm on a working holiday visa. It's so cool how we ran into each other. Let's take a picture together.

M Sounds good. Should we take it right here?

💬 이 유닛의 처음으로 돌아가서, 한국어 대화문을 보고 영어로 말해 보세요.
틀리지 않고 자연스럽게 말할 수 있을 때까지 반복해 보세요.

룸메이트 문의

다음 대화를 오른쪽 페이지에 영작해 보세요. 우리말을 그대로 영어로 직역하기보다는 원어민이 이 상황에서 쓸 만한 문장으로 만들어 보세요. 사전을 활용해도 괜찮아요.

여보세요, 크레이그리스트(Craigslist) 보고 전화했는데요.
룸메이트 아직 구하고 있나요?

네, 투베드룸에서 작은 방 쓰실 분 구하고 있어요.

거기 총 몇 명이 사는지, 어떤 분들이 사는지 알 수 있을까요?

큰 방에는 프랑스 여자 2명이 살고 있고요. 저는 한국 사람이고,
거실에 파티션을 치고 살고 있어요. 들어오시면 총 4명이 돼요.

그렇군요. 그럼 오늘 집을 구경할 수 있을까요?

네, 지금도 가능해요. 거기 적힌 주소로 찾아오셔서 입구에서
801호 누르시면 됩니다.

📝 영작하기

여보세요. 크레이그리스트(Craigslist) 보고 전화했는데요.
룸메이트 아직 구하고 있나요?

✏️ 학습자 영작 예시

- Hello, I'm calling about Craigslist. Are you still looking for roommates?
  Nice try!

- Hello, I am calling after seeing Craigslist. Are you still looking for a roommate? *Nice try!*

★ '~ 때문에 전화했다', '~를 보고 전화했다'는 I'm calling about ~이라고 합니다. 참고로 '~하려고 전화했다'는 I'm calling to ~라고 합니다. 여기서는 I'm calling about [광고 종류] on Craigslist로 표현하거나, 좀 더 간단히 I'm calling about Craigslist ad, I saw your ad on Craigslist, I saw your Craigslist ad와 같이 표현할 수 있습니다.

★ '구하다'는 look for(찾다), be on the lookout for(특정한 것을 찾다, 주시하다), be in need of(필요로 하다)로 표현할 수 있습니다.

🎤 원어민은 이렇게 말해

- Hello, I'm calling about the roommate ad on Craigslist. Are you still looking for a roommate?

- Hi, I saw your Craigslist ad. Are you still on the lookout for a roommate?

네, 투베드룸에서 작은 방 쓰실 분 구하고 있어요.

- Yes, I'm looking for a roommate who's going to use ~~the~~ small bedroom in ~~a~~ 2-bedroom house.
- Yes, I am looking for a <u>mate</u> for the smaller one <u>among</u> ~~the~~ two bedrooms.
  roommate   of

★ '투베드룸'은 두 개의 침실이 있는 아파트나 주택을 나타내는 표현으로, 이를 주거 형태에 맞게 a two-bedroom apartment 또는 a two-bedroom house로 표현할 수 있습니다. 이 문맥에서는 특정한 작은 방을 의미하므로 정관사 the를 쓰는 게 좋습니다. among은 셋 이상일 때 '~ 중에서'란 의미로 쓰는 단어이기 때문에 여기서는 one of the two라고 하는 것이 자연스럽습니다.

★ mate는 '친구'라는 의미로, 구체적으로 roommate 또는 housemate로 표현해야 합니다.

- Yes, I'm looking for someone to rent <u>the</u> small bedroom in <u>a</u> two-bedroom apartment.
- Yup, I'm still on the lookout for a roommate to rent the smaller bedroom <u>of</u> the two bedrooms.

거기 총 몇 명이 사는지, 어떤 분들이 사는지 알 수 있을까요?

- How many people are living there? And <u>can I know</u> [the nationality of
  may I know　　　their nationalities
  people living there]?

- Can you tell me how many people live there and <u>which kind</u> they are?
  Let's try again!　　　　　　　　　what kind of people

★ Can I know ~?는 원어민이 쓰지 않는 어색한 표현으로, 대신 May I know ~?라고 할 수 있습니다. 하지만 이보다는 Could you tell me~?, Could you let me know~?, Would/Do you mind sharing~?과 같은 표현을 좀 더 많이 씁니다.

★ '어떤 분들'을 영작한 which kind는 주로 물건이나 사물의 종류를 말할 때 쓰고, 사람에 대해서는 what kind of people, what are they like로 표현하는 것이 자연스럽습니다. 좀 더 구체적으로 국적을 물을 때는 what their nationalities are, where they're from으로 표현할 수 있습니다.

- <u>May I know</u> how many people live there now? <u>Would you mind sharing
  a little bit about them?</u>

- Can you tell me how many people live there and <u>what kind of people
  they are?</u>

큰 방에는 프랑스 여자 2명이 살고 있고요.

- 2 French girls are staying in the master bedroom.
- Two French women live in the large room.

★ 숫자가 문장 맨 앞에 주어로 나오는 경우는 2 is my lucky number.와 같이 숫자가 주제일 때입니다. 하지만 지금처럼 사람 수를 말할 때는 There are two, We have two와 같이 표현합니다.

- There are two French girls staying in the master bedroom.
- We have two French women living in the master bedroom.

저는 한국 사람이고, 거실에 파티션을 치고 살고 있어요.
들어오시면 총 4명이 돼요.

- I'm Korean and sleep *(stay)* in the partitioned living room. If you move in,
  4 people will live here. *Let's try again!*

- I am a Korean living in the partitioned living room. Once you join us,
  [total number of residents here will be four]. *Let's try again!*

★ '거실에 파티션을 치고 살다'는 동사 live, stay와 in the living room with a partition, in the partitioned living room과 같은 구를 함께 사용하여 표현할 수 있습니다.

★ '총 4명'은 four of us in total, four in total, four altogether, a total of four, a group of four과 같이 표현할 수 있습니다.

- I'm Korean, living in the living room with a partition. If you move in,
  there will be four of us in total.

- I am Korean, staying in the partitioned living room. If you join us,
  we'll be four altogether.

394

그렇군요. 그럼 오늘 집을 구경할 수 있을까요?

- I see. Can I see the house today? *Good job!*

- Oh, I see. Can I <u>look around</u> the house today? *Nice try!*
  　　　　　　　go see

★ '집'은 주거 형태에 따라 apartment, house, place로 나타낼 수 있고, '구경하다'는 '보러 가다' 란 의미에서 see, go and see, go see 등의 표현을 쓸 수 있습니다. 하지만 look around는 현재 있는 장소에서 그곳을 둘러본다고 할 때 쓰는 표현으로, 지금 상황에는 맞지 않습니다.

- Great! Can I <u>go see</u> your place today?

- I see. Can I <u>see</u> the place today?

네, 지금도 가능해요. 거기 적힌 주소로 찾아오셔서
입구에서 801호 누르시면 됩니다.

🖊 학습자 영작 예시

- Yes, it's okay if you come now. You can come to the address written there and press 801 at the entrance. *Good job!*

- Yes, you can even now. You can come to the address written there and
  press 801 at the entrance. *Almost there!*
  <small>come</small>

★ '지금도 가능하다'는 I'm available now, I'm free now, You can come (over) now, You are welcome to come now 등으로 표현할 수 있습니다. now 대신 right now를 사용하여 '지금'을 좀 더 강조할 수 있습니다.

★ '적힌 주소'는 the address listed, the address written, the address mentioned 또는 the listed address, the written address, the mentioned address와 같이 표현할 수 있습니다. '누르다'란 단어로 press, push, enter, dial, ring 등이 있습니다.

🎤 원어민은 이렇게 말해

- Sure, you can come over now. Just come to the address listed and press 801 at the entrance.

- Absolutely, you are welcome to come now. Please come to the listed address, push 801 at the entrance when you get here.

Step 1 | 한 문장씩 구간 반복해서 들으며 동시에 따라 말해 보세요.
Step 2 | 한 문장씩 듣고 일시 정지한 다음, 그대로 흉내 내어 말해 보세요.

F Hello, I'm calling about the roommate ad on Craigslist.
Are you still looking for a roommate?

M Yes, I'm looking for someone to rent the small bedroom
in a two-bedroom apartment.

F Can you tell me how many people live there and what
kind of people they are?

M There are two French girls staying in the master bedroom.
I'm Korean, living in the living room with a partition.
If you move in, there will be four of us in total.

F Great! Can I go see your place today?

M Sure, you can come over now. Just come to the address
listed and press 801 at the entrance.

💬 이 유닛의 처음으로 돌아가서, 한국어 대화문을 보고 영어로 말해 보세요.
틀리지 않고 자연스럽게 말할 수 있을 때까지 반복해 보세요.

다음 대화를 오른쪽 페이지에 영작해 보세요. 우리말을 그대로 영어로 직역하기보다는 원어민이 이 상황에서 쓸 만한 문장으로 만들어 보세요. 사전을 활용해도 괜찮아요.

한국 남자는 20대 초반에 신체 검사를 받고,

건강한 남자는 모두 군대에 간다.

복무 기간은 18~21개월 사이로

육군, 해군, 공군에 따라 조금씩 다르다.

대학생은 휴학을 하고 입대하고, 군 전역 후에 다시 복학한다.

복무 기간은 과거에 비해 점점 짧아지고 있으며,

사병의 월급도 거의 무료 자원봉사 수준이었던 것이

최저 임금에 가까운 수준으로 계속 올라가고 있다.

📝 영작하기

한국 남자는 20대 초반에 신체 검사를 받고,
건강한 남자는 모두 군대에 간다.

✏️ 학습자 영작 예시

- Korean guys get physical examination <u>at their early 20's</u> and
  all healthy men go to ⌒the military. *Nice try!*

- Korean men have physical examinations <u>at their early 20's</u>,
  all healthy men undergo military service. *Nice try!*

★ '20대 초반'은 early 20s라고 하며, 아포스트로피는 사용하지 않습니다. 전치사 at을 쓰면 '20대의 어느 시점'으로 해석되기 때문에 여기서는 in their early 20s로 표현하는 것이 명확합니다. 참고로, '20대 중반'은 mid-20s, '20대 후반'은 late 20s라고 합니다

★ '신체 검사를 받다'는 undergo a physical examination, take a physical examination, get a physical examination 등으로 표현합니다.

★ '군대에 가다'는 enlist in the military(입대하다), serve in the military(복무하다), join the military 등으로 표현할 수 있습니다.

🎙️ 원어민은 이렇게 말해

- <u>In their early 20s</u>, Korean men undergo a physical examination, and
  all healthy men are required to <u>enlist in the military</u>.

- Korean men take a physical examination in their early 20s. All healthy
  men then <u>serve in the military</u>.

> 복무 기간은 18~21개월 사이로,
> 육군, 해군, 공군에 따라 조금씩 다르다.

- The period of service is from 18 to 21 months. It is different depend
  the
  on army, navy and air force. *Let's try again!* *depending*

- The service period is between 18-21 months, varies slightly
  depending on the army, navy, air-force. *Let's try again!*

★ '복무 기간'은 the period of service, the service period, the service duration, the length of service와 같이 표현할 수 있습니다. 육군(Army), 해군(Navy), 공군(Air Force)과 같은 '군 종류'는 branch로 표현하며, 각 군의 이름은 정관사 the와 함께 첫 글자를 대문자로 씁니다.

'범위'를 나타내는 표현

[기간] 사이다: vary, range + from [기간] to [기간], be between [기간] and [기간]
[명사]에 따라 다르다: vary, differ, be different + depending on, based on [명사]
[명사]에 따라 약간의 차이가 있는: with slight variations based on [명사]

- The service period ranges from 18 to 21 months, varying slightly
  depending on the branch — Army, Navy, or Air Force.

- The service period is between 18 and 21 months, with slight
  variations based on the branch chosen.

대학생은 휴학을 하고 입대하고, 군 전역 후에 다시 복학한다.

- College students join the military after taking a leave of absence~~x~~
  ~~,~~ *and*
  ~~And~~ ~~they~~ return to ~~the~~ college after <u>discharge from military</u>.
  Let's try again!

- College students take a leave of absence, ~~and~~ enlist, and return to
  school after being discharged from the military. *Almost there!*

★ '휴학하다'는 take a leave of absence (from 학교) 또는 take a break from studies, '복학
하다'는 return to school 또는 resume studies와 같이 표현합니다.

★ '입대하다'는 join이나 enlist로 표현하고, '군 전역'은 be discharged from the military, be
discharged from military service, complete military service, fulfill their service, fulfill
their military duty와 같이 표현할 수 있습니다. 이때 military service 앞에 정관사 the는 사용
하지 않습니다. 또한, 명사형으로 (military) discharge 또는 completion of military service
와 같이 표현할 수 있습니다.

- College students join the military after taking a leave of absence and
  resume studies after <u>completing military service</u>.

- College students typically take a break from their studies to <u>fulfill
  their military duty</u> and then return to school afterward.

compared to
- The period of service is getting shorter compare to the past,

- The service period is getting shorter than in the past,

'~에 비해 점점 짧아지다'를 나타내는 표현

· get shorter + compared to [명사]
· shorten + in comparison to [명사]
· be gradually + shorter than, shortened over time

- In recent years, military service has been getting shorter,

- The service duration has gradually shortened over time,

> 사병의 월급도 거의 무료 자원봉사 수준이었던 것이
> 최저 임금에 가까운 수준으로 계속 올라가고 있다.

> *soldiers' salaries were*
> • and <u>soldier's salary was</u> almost like ~~an unpaid~~ volunteer in the past. *those of*
>   But now, it's going up close to the minimum wage. *s*
>   *and*
> • the salary of soldiers continues to rise from ~~almost free~~ volunteering
>   to near the minimum wage.

'~ 가까이까지 계속 올라가다'를 나타내는 표현

• keep + going up, rising, increasing + close to, near, up to, from A to B

• continue to + go up, rise, increase + to

• go up, rise, increase + continuously, steadily + to

• approach(접근하다), reach(달하다), get closer to(접근하다)

★ '사병의 월급'은 soldiers' salaries나 soldiers' pay라고 합니다. '자원봉사'는 일반적으로 무료이기 때문에 free나 unpaid를 생략하고 간단히 volunteer work, volunteering으로 표현할 수 있습니다.

• and soldiers' pay has been getting closer to minimum wage, up from what used to be like volunteer work.

• and soldiers' pay, previously more like volunteer work, has gone up, almost reaching minimum wage levels.

Step 1 | 한 문장씩 구간 반복해서 들으며 동시에 따라 말해 보세요.
Step 2 | 한 문장씩 듣고 일시 정지한 다음, 그대로 흉내 내어 말해 보세요.

Ⓜ In their early 20s, Korean men undergo a physical examination, and all healthy men are required to enlist in the military. The service period ranges from 18 to 21 months, varying slightly depending on the branch—Army, Navy, or Air Force. College students typically take a break from their studies to fulfill their military duty and then return to school afterward. The service duration has gradually shortened over time, and soldiers' pay, previously more like volunteer work, has gone up, almost reaching minimum wage levels.

이 유닛의 처음으로 돌아가서, 한국어 대화문을 보고 영어로 말해 보세요.
틀리지 않고 자연스럽게 말할 수 있을 때까지 반복해 보세요.

한국의 교육 제도

다음 대화를 오른쪽 페이지에 영작해 보세요. 우리말을 그대로 영어로 직역하기보다는 원어민이 이 상황에서 쓸 만한 문장으로 만들어 보세요. 사전을 활용해도 괜찮아요.

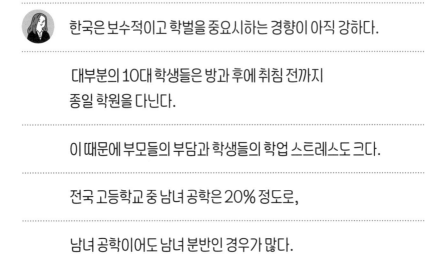

한국은 보수적이고 학벌을 중요시하는 경향이 아직 강하다.

대부분의 10대 학생들은 방과 후에 취침 전까지 종일 학원을 다닌다.

이 때문에 부모들의 부담과 학생들의 학업 스트레스도 크다.

전국 고등학교 중 남녀 공학은 20% 정도로,

남녀 공학이어도 남녀 분반인 경우가 많다.

이것은 유교의 영향도 있고,

남녀가 함께 있으면 공부에 방해가 된다는 생각도 있어서이다.

한국은 보수적이고 학벌을 중시하는 경향이 아직 강하다.

✏️ 학습자 영작 예시

- Korea is ⌐ᵃconservative society, and people tend to think *highly value* highly of
  academic background. *Let's try again!*
- Korea is still conservative and [has a strong tendency to place high *places a strong emphasis*
  value] on ~~something like~~ [how prestigious school a person graduated
  from. *Keep practicing!* *academic achievement*

★ '~을 중시하는 경향이 강하다'를 영작한 tend to think highly of와 has a strong tendency to place a high value는 다소 장황한 표현입니다. 간단히 highly value 또는 places a strong emphasis를 사용하여 그 의미를 강조하면서도 자연스럽게 표현할 수 있습니다.

★ something like(~과 같은 것)는 여기서 불필요한 내용이고, '학벌'은 간단하게 academic achievement/success 또는 educational background로 표현할 수 있습니다.

🎤 원어민은 이렇게 말해

- Korea is a conservative society where people <u>highly value</u> educational background.

- Korea is still a relatively conservative country with <u>a strong emphasis on</u> academic achievement.

대부분의 10대 학생들은 방과 후에 취침 전까지 종일 학원을 다닌다.

- Most teenage students attend to private institutes after school until they go to bed. *Nice try!*
- Most of teenage students go to private teaching institutes [until the time they go to bed all day after school]. *Let's try again!*

★ '10대 학생들'은 teenage students 또는 teenagers로 표현할 수 있고, '사설 학원'은 private (educational) institute, private institution, private tutoring center, cram school(입시 학원)이라고 합니다.

★ the time they go to bed all day after school은 혼란스러운 문장 구조로, 시간의 흐름에 따라 [방과 후], [취침] 순으로 표현하는 것이 좋습니다. 또한 이미 '취침 전까지'에 '종일'이란 의미가 포함되어 있으므로 all day는 생략하고, '취침 전'은 until they go to bed라고 하거나, 간단히 until bedtime으로 표현할 수 있습니다. 좀 더 일상적인 표현으로 until late at night(밤늦게까지)도 있습니다.

- After school, most teenagers attend private institutes <u>until bedtime</u>.
- Most teenage students go to private institutions from after school <u>until bedtime</u>.
- Most teenagers spend their afternoons at private institutes, <u>until late at night</u>.

> 이 때문에 부모들의 부담과 학생들의 학업 스트레스도 크다.

🖉 학습자 영작 예시

- Parents have *bear* huge financial burden, and students are under *undergo* a lot of stress because of this. *as a result*
- This cause *s* burdens to *for* parents as well as academic stresses to *for* students.

★ '(부담)을 짊어지다'는 bear, carry, '(스트레스)를 받다'는 experience, undergo로 표현할 수 있습니다. '이 때문에 ~하다'란 말은 This puts/places heavy burden on, This causes/creates a lot of stress for 등으로 표현할 수 있으며, 내용 마지막에 as a result(그 결과)를 넣어서 문장을 만들 수도 있습니다.

🎤 원어민은 이렇게 말해

- Parents carry a significant financial burden, and students experience a lot of stress as a result.

- This places a heavy burden on parents and creates significant stress for students.

> 전국 고등학교 중 남녀 공학은 20% 정도로,
> 남녀 공학이어도 남녀 분반인 경우가 많다.

✏️ 학습자 영작 예시

- Coed high schools ~~is~~ *make up* only 20% ~~among~~ *of* the whole country. ~~And~~ *, and* most of
  them are single-sex classrooms [even though it's coed high school].
  have
- Among high schools nationwide, [coed schools occupy only 20%,] and
  even most of them <u>divide</u> boys' classes and girls'. *Let's try again!*

★ '남녀 공학'은 coeducation이고, '남녀 공학 고등학교'는 coeducational의 축약형인 coed
를 사용하여 coed high school로 표현할 수 있습니다. '~인 경우가 많다'는 most of them(그들
중 대부분), the majority of them(그들 중 대다수), 또는 it is common for [명사](~은 일반적
이다)로 나타낼 수 있습니다.

★ occupy는 '(공간이나 시간을) 차지하다, 점령하다'라는 뜻으로 이 문맥에 어울리지 않고, 간단
히 be 동사를 사용해서 '몇 %가 ~다'로 표현하는 것이 좋습니다.

★ '분반'은 '나누어지다'라는 의미로 be separated into different classes, be placed in
separate classes, be separated by gender와 같이 수동태로 '나누어져 있는 상태'를 나타낼
수 있습니다. 하지만 divide는 '분리하다'라는 행위를 강조하는 표현으로, 분반의 의미를 나타내기
에는 적절하지 않습니다.

🎤 원어민은 이렇게 말해

- Only 20% of high schools in the entire country <u>are coed</u>, and the
  majority of them still <u>maintain</u> single-sex classrooms.

- Only about 20% of high schools nationwide <u>are coeducational</u>, and
  even in these schools, it is common for boys and girls to <u>be separated
  into</u> different classes.

> 이것은 유교의 영향도 있고, 남녀가 함께 있으면
> 공부에 방해가 된다는 생각도 있어서이다.

✏️ 학습자 영작 예시

- This <u>has something to do with</u> Confucianism, and people think
  is influenced by
  students <u>will</u> get distracted if boys and girls study together.
  might   *believe*

- This seems to be <u>affected</u> partly <u>by</u> Confucianism and partly by the
  influenced
  belief that if boys and girls <u>are</u> together in a same classroom, it
  would <s>result to</s> an interference of studying.
  might   *study*   *interfere with*

★ has something to do with는 '~와 관련이 있다'란 의미로, 좀 더 명확하게 '~의 영향을 받다' 란 뜻의 be influenced by로 표현할 수 있습니다. 반면, be affected by는 외부 요인에 의해 감정이나 건강 등이 영향을 받는 것으로 이 문맥에는 어울리지 않습니다.

★ it would result to an interference of studying(공부를 방해하는 결과를 초래할 것이다) 는 어색하고 장황한 직역입니다. result to는 생략하고, it might interfere with studying(공부를 방해할 수 있다)로 표현할 수 있습니다.

🎙️ 원어민은 이렇게 말해

- This is <u>influenced by</u> Confucianism and the belief that students could be distracted if boys and girls study together.

- This is due to <u>the influence of</u> Confucianism and the belief that having boys and girls together can be a distraction from studies.

412

F Korea is still a relatively conservative country with a strong emphasis on academic achievement. After school, most teenagers attend private institutes until bedtime. This places a heavy burden on parents and creates significant stress for students. Only 20% of high schools in the entire country are coed, and the majority of them still maintain single-sex classrooms. This is due to the influence of Confucianism and the belief that having boys and girls together can be a distraction from studies.

이 유닛의 처음으로 돌아가서, 한국어 대화문을 보고 영어로 말해 보세요.
틀리지 않고 자연스럽게 말할 수 있을 때까지 반복해 보세요.

DAY 42 길 물어보기

다음 대화를 오른쪽 페이지에 영작해 보세요. 우리말을 그대로 영어로 직역하기보다는 원어민이 이 상황에서 쓸 만한 문장으로 만들어 보세요. 사전을 활용해도 괜찮아요.

실례합니다. 저기 양키스 피자가 이 근처인 것 같은데, 혹시 어딘 줄 아세요?

아, 거의 다 오셨는데, 입구가 골목 안쪽에 있어서 잘 안 보일 거예요.

어쩐지 아까부터 계속 헤매고 있었어요.

이 길 따라 쭉 가다가 신호등 건너서 막다른 길까지 가세요. 거기서 좌회전해서 50m 정도 가면 스페인 식당이 나오는데, 그 옆 골목 안쪽에 있어요.

와, 감사합니다! 정말 잘 아시네요.

아, 저도 자주 가는 곳인데, 저는 거기 햄버거보다 피자가 더 맛있더라고요.

📝 영작하기

📖 원어민 첨삭 확인하기

> 실례합니다. 저기 양키스 피자가 이 근처인 것 같은데,
> 혹시 어딘 줄 아세요?

✏️ 학습자 영작 예시

- Excuse me. I think Yankees Pizza is near here, but I can't find it. Do you know where it is by any chance? *Good job!*
- Excuse me. I ~~suppose~~ ^{think} Yankees Pizza ~~would~~ ^{should} be around here. Do you happen to know where it is? *Nice try!*

★ suppose는 어떤 가정을 통해 결과를 유추할 때 쓰는 단어로, 지금처럼 일반적인 개인의 생각이나 의견을 말할 때는 think를 사용합니다. 그리고 would be는 일어나지 않은 일을 가정해서 말할 때 쓰지만, should be는 예상이나 예측되는 일을 말할 때 쓰는 표현으로, 지금처럼 '~일 것이다'라고 할 때 사용합니다. 이 상황에서는 이보다 더 직접적인 표현인 look for을 사용하여 '~을 찾고 있다'라고 말해도 좋습니다.

★ '혹시'는 by any chance 또는 do you happen to ~?로 표현할 수 있고, 간단히 any idea을 사용하여 캐주얼한 느낌으로 물어볼 수도 있습니다.

🎤 원어민은 이렇게 말해

- Excuse me. I'm looking for Yankees Pizza around here, but I can't seem to find it. Any idea where it is?

- Excuse me. I think Yankees Pizza should be somewhere nearby. Do you happen to know where it is?

416

아, 거의 다 오셨는데, 입구가 골목 안쪽에 있어서
잘 안 보일 거예요.

- Oh, you're almost there. The entrance is in the alley, so it might be hard to find. *Great job!*
- ~~Dear.~~ You're almost there. ~~I'm afraid~~ you ~~wouldn't~~ see the entrance because it is inside the alley.
  Just so you know, / *might not*

★ I'm afraid는 유감스러운 말을 전할 때 쓰는 표현으로, 단순히 무언가를 찾기 쉽지 않다는 말을 하는 상황에서 쓰는 것은 어색합니다. 여기서는 '참고로 말씀드리자면'이란 의미의 just so you know 또는 just to let you know로 표현하거나, '미리 알려드리면'이란 의미의 just a heads up과 같이 표현하는 것이 자연스럽습니다.

★ would는 주어의 의지를 나타내는 조동사로, 지금의 영작은 상대방이 입구를 보지 않을 거라는 어색한 문장입니다. 여기서는 '못 볼 수도 있다'란 의미가 되도록 might not을 쓰는 것이 자연스럽습니다. '찾다'란 의미로 to find, to spot, to see 등을 쓸 수 있고, '어렵다'란 의미엔 tricky, hard, difficult, not easy 등이 있습니다. 또한 easy to miss와 같이 표현해도 좋습니다.

★ '골목 안쪽에 있다'는 be inside the alley, 또는 숨겨져 눈에 잘 띄지 않는 의미를 강조하는 be tucked away in the alley로 표현할 수 있습니다.

- Oh, you're almost there. <u>Just so you know,</u> the entrance is a bit tucked away in the alley, so it might be a little tricky to spot.

- Well, you're almost there. The entrance is a bit inside the alley, so it's easy to miss.

어쩐지 아까부터 계속 헤매고 있었어요.

- Oh, that's why. I ~~was~~ *have been* wandering around. *Almost there!*

- I <u>finally get to know</u> ~~the reason~~ why I've been wandering around for some time. *Nice try!*

★ '마침내 알게 되었다'란 의미로 영작한 finally get to know는 어색한 표현입니다. 이럴 때는 '그래서 그랬구나, 예상했던 대로구나'라는 의미의 Now I know, Now it makes sense, I finally get, I finally understand로 표현하거나, 좀 더 간단히 No wonder, That explains와 같이 표현하는 것이 자연스럽습니다.

★ the reason why는 구체적인 이유를 설명할 때 문장 맨 앞에서 명사절로 쓰는 표현이고, 지금과 같은 문장에서는 접속사 why를 쓰는 게 맞습니다. '헤매다'란 표현에는 wander around, be lost, have trouble finding my way 등이 있습니다.

- <u>No wonder</u> I've been wandering around for so long.

- <u>I finally get</u> why I've been lost for a long time.

- <u>Now I know</u> why I was having trouble finding my way.

> 이 길 따라 쭉 가다가 신호등 건너서 막다른 길까지 가세요.
> 거기서 좌회전해서 50m 정도 가면 스페인 식당이 나오는데,
> 그 옆 골목 안쪽에 있어요.

- Go straight down this street, and cross the traffic lights, and turn
  left at the dead-end. If you keep *going* ~~go~~ about 50m, you *will* can see~~a~~ Spanish
  restaurant. Yankees Pizza is in *the* next alley.

길을 설명할 때 유용한 표현

- Follow this road. 이 길을 따라 가세요.
- Continue straight. 쭉 계속 가세요.
- Keep going until you see ~. ~이 보일 때까지 계속 가세요.
- Turn left/right. 좌회전/우회전하세요.
- Make a left/right turn at the intersection. 교차로에서 좌회전/우회전하세요.
- Take a left/right at the corner. 모퉁이에서 좌회전/우회전하세요.
- Cross the intersection. 교차로를 건너세요.
- Go past the traffic light. 신호등을 지나세요.
- Walk for ~ minutes. ~분 동안 걸으세요.
- You'll see ~. ~가 보일 거예요.
- Go about ~ meters. 약 ~미터 가세요.
- It's ~ meters away. ~미터 떨어져 있어요.
- It's next to ~. ~ 옆에 있어요.

- Keep going straight on this road, past the traffic light, and continue
  until it reaches a dead end. Take a left at the dead end, walk about
  50 meters, and you'll see a Spanish restaurant. Look for Yankees
  Pizza in the alley next to it.

- Follow this road all the way. When you reach the intersection, cross
  it and continue straight until you hit a dead end. Take a left there, go
  about 50 meters, and you'll spot a Spanish restaurant. Yankees Pizza
  is in the small alley next to it.

와, 감사합니다! 정말 잘 아시네요.

• Oh, thank you! You know⌢? very well. *Nice try!*

• Wow, thank you. You are real well-versed [in the geography here].
  Let's try again!   really

★ '잘 아시네요'를 well-versed(정통한)로 표현할 수도 있지만, 좀 더 자연스럽게 familiar with(~에 익숙한) 또는 know your way around(장소에 대해 잘 알다)로 표현하는 것이 더 좋습니다. 또한 '주변'이나 '근방'은 간단히 around here, in the area로 표현하는 것이 자연스럽습니다.

• Wow, thanks! You really know your way around here.

• Wow, thank you! You're really familiar with the area.

아, 저도 자주 가는 곳인데,
저는 거기 햄버거보다 피자가 더 맛있더라고요.

- I go there often, too. I <u>liked</u> the pizzas better than ⌐the⌐burgers there.
  like
  Almost there!

- I often go there, too. I like pizzas better than hamburgers there.
  Almost there!

★ '자주 가다'는 간단히 go ~ often이라고 해도 되고, '자주 가는 곳'이란 의미 go-to spot으로 표현해도 좋습니다.

★ 'A보다 B가 더 좋다'는 I like B better than A, I prefer B over A, 또는 I like B more than A로 표현할 수 있습니다. 그리고 맛에 대한 주관적인 감정을 표현할 때는 I find B tastier than A나 I think B is better than A와 같이 표현할 수 있습니다.

★ '거기 피자'는 their pizza(s), '거기 햄버거' their burger(s)로 표현하거나 the pizza(s) there, the burger(s) there로 표현할 수 있습니다. 또한 피자와 햄버거를 함께 언급할 때는 단수 또는 복수로 수를 일치시키는 것이 좋습니다.

- Oh, that's my go-to spot. Personally, I find <u>their pizzas</u> tastier than <u>the burgers</u> there.

- Yeah, I go there often. I think <u>their pizzas</u> are better than <u>the burgers</u>.

F Excuse me. I'm looking for Yankees Pizza around here, but I can't seem to find it. Any idea where it is?

M Oh, you're almost there. Just so you know, the entrance is a bit tucked away in the alley, so it might be a little tricky to spot.

F No wonder I've been wandering around for so long.

M Keep going straight on this road, past the traffic light, and continue until it reaches a dead end. Take a left at the dead end, walk about 50 meters, and you'll see a Spanish restaurant. Look for Yankees Pizza in the alley next to it.

F Wow, thanks! You really know your way around here.

M Oh, that's my go-to spot. Personally, I find their pizzas tastier than the burgers there.

💬 이 유닛의 처음으로 돌아가서, 한국어 대화문을 보고 영어로 말해 보세요.
틀리지 않고 자연스럽게 말할 수 있을 때까지 반복해 보세요.

일상 영어회화 영작하고 말하기

초판 1쇄 인쇄 2024년 6월 10일
초판 1쇄 발행 2024년 6월 20일

지은이   제나 강
펴낸이   홍성은
펴낸곳   바이링구얼
교정·교열 임나윤
디자인   Design IF

출판등록 2011년 1월 12일
주소 서울 마포구 월드컵북로5나길 18, 217호
전화 (02) 6015-8835
팩스 (02) 6455-8835
메일 nick0413@gmail.com

ISBN 979-11-85980-42-3 13740